HISTOIRE DIPLOMAT

D U

CHEVALIER PORTUGAIS

MARTIN BEHAIM

DE NUREMBERG.

AVEC

LA DESCRIPTION DE SON GLOBE TERRESTRE.

PAR

M. CHRISTOPHE THEOPHILE DE MURR.

TRADUITÉ DE L'ALLEMAND.

LE CITOYEN H J. JANSEN.

TROISIÈME EDITION

REVUE ET AUGMENTÉE PAR L'AUTEUR.

AVEC DEUX PLANCHES.

A STRASBOURG ET PARIS

CHEZ TREUTTEL ET WÜRTZ, LIBRAIRES.

AN X. (1802.)

Avant-Propos.

Après la première édition de cette Histoire diplomatique en 1778, que je donne ici beaucoup augmentée, on en a publié à Paris une traduction française par M. *H. J. Jansen, dans le Recueil de Pièces intéressantes traduites de différentes Langues. Tome I. et II. à Paris,* 1787. gr. in-8°. avec la planche de l'Hémisphère du Globe, où on doit lire à l'Isle *Cipangù: il y a de l'or et des arbres de Pisang.* Chez Barrois, l'âiné, Libraire, quai des Augustins. Le Traducteur la joignit après à la traduction du Citoyen *Charles Amoretti* du *premier Voyage autour du Monde, par le Chevalier* Pigafetta, *sur l'Escadre de* Magellan, *pendant les années* 1519, 20, 21 *et* 22, (à Paris, chez H. J. Jansen, Imprimeur-Libraire, rue des Maçons, n°. 406, Placé Sorbonne, l'an IX. (1801.) gr. in -8°.) sous le Titre: *Notice sur le Chevalier M. Behaim, célèbre Navigateur Portugais; avec la Description de son Globe terrestre. Par M. de Murr. Traduit de l'Allemand par* H. J. Jansen; pag. 287-384. Avec mon Hémisphère du Globe de *Martin Be-*

haim, reduit à la moitié de l'échelle, ou au quart de la grandeur de l'Original.

Le Citoyen *Charles Amoretti*, un des Bibliothécaires et Docteurs du Collège Ambrosien à Milan, publia le *Ragguaglio della Navigazione alle Indie Orientali per la via d'Occidente, fatto dal Cavaliere* Antonio Pigafetta *), *Patrizio Vicentino, sulla Squadra del Cap.* Ferdinando Magaglianes, *negli anni* 1519-1522; *Milano*, 1800. gr. in -4°. orné de Cartes et de figures. Il le traduisit aussi en Français, comme j'ai dit, avec un Extrait du Traité de Navigation du Chevalier *Antoine Pigafetta.*

Je démontre clairement que notre *Martin Behaim* n'a eu part à la découverte de l'Amerique, et encore moins à celle du Détroit de *Magellan.* Le Citoyen *Amoretti* dit dans sa préface, p. 21: *Pour s'assurer que* Magellan *chercha ce passage, parce qu'il l'avoit vu dessiné sur la carte de* Martin de Bohéme, *il ne faut que lire ce que dit à ce sujet* Pigafetta. *Nous donnons ses propres paroles telles qu'on les lit dans notre manuscrit:* Il capitano generale che sapeva de dover fare la sua navigazione per uno streto molto ascoso, como vide ne la thesoraria del re de Portugal in una carta fata per quella excelentissimo huomo Martin de Boe-

---

*) Il le dédia à Philippe de Villers Lisle-Adam, Grand-Maître de Rhodes.

mia, mando due navi, etc. *Page 40.* On
lit déjà presque les mêmes mots produits
par mon ami, le Citoyen *Amoretti*, dans le
Recûeil de Voyages publié par *Ramuſio* *).
*Primo Volume, et Terza editione delle Na-
vigationi et Viaggi raccolto gia da M.* Gio.
Battiſta Ramuſio, *etc. In Venetia nella* Stam-
peria de Giunti. L' Annó 1563. fol. fig. Fol.
352. b — 370 b on lit l'extrait du traité Italien:
*Viaggio atorno il Mondo fatto et descritto
per M.* Antonio Pigafetta *Vicentino, Caua-
lier di Rhodi, et da lui indrizzato al Reue-
rendiſſimo gran Maeſtro di Rhodi M. Philippo di Villiers Lisleadam; tradotto di lingua
Francesa nella Italiana.* Fol. 354. b: Ap-
prossimandosi alli 52 gradi, che fu il gior-
no delle XI mila virgini, trouarono uno stretto di CX leghe di lunghezza, che fanno 330

*) Les trois Volumes de ce Recueil sont com-
plets quand le *premier* est de la troisième édition de
1563, le *second* de la seconde de 1559, et le *troisième*
de la première de l'an 1556. *Catal. Historicorum
Fresnoio - Mencken.* Leipz. 1718. 8. pag. 492. Ce
n'étoit pas connu à *Niceron*, T. 35. p. 99, où il donne une liste des Pièces contenuës dans ces Volumes
de *Ramusio.* Ces Volumes se trouvent dans notre Bibliothèque publique. *Catal. Solger.* Vol. I,
num. 844 — 846. Je les lisai déjà 1770, comme aussi à Londres 1757 l'Itinéraire de *Marc-Antoine Pigafetta*, publié là en 1585, et la Relation du Congo de
Philippe Pigafetta, imprimée à Rome en 1591. J'ai
vu même chez le Libraire Payne en 1762 à Londres
la traduction italienne (imprimée à Venise en 1536,
petit in-4°. dont Ramusio s'est servi) de l'*Extrait du
Voyage de* Pigafetta, fait en Français par *Antoine Fabre*, Parisien.

miglia, et percio che riputarono questo come ad un gran miracolo, chiamarono il Capo delle undici mila vergini, largo in alcune parti piu, et manco di mezza lega. ' Il quale stretto circondato da montagne altissime cariche di neui scorre in un altro mar che fu chiamato il mar Pacifico, et è molto profondo in alcune parti, che è da XXV. in trenta' braccia, et non si saria mai trouato detto firetto, se non fusse stato il Capitan generale Hernando Magaglianes, perche tutti li Capitani delle altre naui erano di contraria oppinione, e diceuan, che questo stretto era chiuso intórno, ma Hernando sapeua, che vi era questo stretto molto oculto, per il qual si poteua nauigare, *il che haueua veduto descritto sopra una charta nella Thesoraria del Re di Portogallo, laqual charta fu fatta per uno eccellente huomo, detto* Martin di Boemia, *et cosi fu trouato gran difficultà.*

Mon ami républicain *Amoretti* me fait tort quand il continue ainsi dans l'Introduction prémise à sa Traduction du Voyage de *Pigafetta*, à la page 21 et 22: *Il est étonnant qu'on ait nié cette vérité, qu'on pouvoit trouver dans l'extrait du livre de Pigafetta publié en français par Fabre, et en italien par Ramusio; mais il est plus étonnant encore que cette vérité si honorable pour Martin de Bohéme ou plutôt Behaim, ait été niée par M. de Murr, tandis qu'il se proposoit de faire son éloge.* Le digne Savant m'en écrit aussi 'le 24 Avril 1801 très poliment: *Se avessi prima* saputo comè e dove indirizzarmi a Lei, l' avrei fatto all' occasione che scrivea l' Introduzione al Viaggio del Pigafetta, in cui ebbi occasione di parlare della di Lei Dissertazione intorno a Martino Behaim. — Jo avea letta l'erudita sua Dissertazione nel Recueil etc. (di cui Ella parla nella sua Lettera) ignorando chi ne fosse il Traduttore, e mi era valso de' lumi ivi sparsi. Ella non mi vorrà male, io spero, se in qualche modo la riprendo, perchè, mentre fà l'elogio di Behaim, vuole privarlo della gloria che gli è dovuta, d'aver, cioè, con una sua carta indicato a Magaglianes lo Stretto per cui passò, e a cui diede il nome. Nel fondo io non ho fatto che secondare le sue viste, mostrando il sapere del suo Eroe etc.

Le récit de *Pigafetta* de cette indication du Détroit *des Patagons* (appellé ensuite Détroit de Magellan) sur la Carte (faite probablement 1493 ou 1494) de *Martin Behaim* me paroît encore très problématique. Il étoit venu de Fayal en Lisbonne en 1506, où il mourut le 29. Juillet. Avant et après ce temps un autre peut avoir dessiné les découvertes faites après l'an 1495, comme nous dessinons sur nos globes l'Archipel Australien. Après la découverte du Cap *du Consolaçaon* ou de St. Augustin, de la rivière des Amazones, et du Brésil en 1500; après la découverte de Terra firma en 1502, comment pouvoit·on dessiner *avant* 1506 le Détroit, (des Patagons) sans avoir notice des isles de la *Tierra del Fuego*, entre les-

quelles et la côte des Patagons *Magellan* le
découvrit? On l'a fait surement entre 1506
et 1519.

J'ai joint à mon Histoire diplomatique
une estampe gravée peu de temps après la
mort de ce grand Navigateur. Je l'ai fait
copier exactement d'après la planche de bois
qui étoit dans le Cabinet de *Praun.*

Nuremberg, le 30. Juin, 1802.

On trouvera ici ce que Martin Behaim a réellement été, et rien de plus ni rien de moins. *Vni aequus veritati*, je me suis fait un agréable devoir, d'examiner avec attention tout ce qui concerne ce célèbre navigateur; travail qui m'a été rendu facile par la complaisance de la personne qui possède actuellement les papiers de cette famille. Me trouvant donc si richement muni d'actes et de titres authentiques, j'ai cru ne devoir épargner ni soins, ni peines, pour jetter un jour lumineux sur un point aussi important de l'histoire de la navigation. J'espère du moins avoir satisfait par-là aux voeux que M. le professeur Gebauer a faits dans son *Histoire de Portugal*, *page* 123. „Il me „paroît fort incertain, dit-il, que Martin Behaim „ait véritablement découvert le nouveau monde, „comme le prétend Ricciolus, ou qu'il ait même „passé le détroit de Magellan, ainsi que l'assure „Benzon. De ce que Schedel dit, dans sa chro- „nique latine, que c'est à Martin Behaim et à Jac- „ques Canus qu'il faut attribuer la découverte du „Congo, qu'ils ont passé la ligne équinoxiale, et

„qu'ils ont poussé si. loin leur navigation, qu'en
„regardant vers l'Orient leur ombre tomboit à leur
„droite, on ne peut pas conclure, qu'ils ayent été
„jusqu'en Amérique; car cela a toujours lieu du
„moment qu'on a passé la ligne. Les anciens ac-
„tes et diplomes, que Wuelfer, Wagenseil, Stuve-
„nius et Doppelmayr ont consulté, n'en parlent
„pas. La plus grande difficulté que je rencontre
„cependant, c'est le globe, que Behaim doit avoit
„fait en 1492, année pendant laquelle Christophe
„Colomb se trouvoit déjà en route. Doppelmayr
„a donné une mappemonde d'après ce globe (*Ta-*
„*bula I*); et plus j'examine ce planisphère, moins
„je trouve, qu'il puisse rendre douteuse la gloire
„dont Colomb et Magellan ont joui jusqu'à pré-
„sent. Ce ne seroit par conséquent pas une peine
„perdue que de donner la vie du chevalier Mar-
„tin Behaim, écrite dans le goût actuel, sans rien
„retrancher de la vérité des faits, et sans y rien
„ajouter; en citant les pièces authentiques qu'on
„pourroit consulter pour cela. On parviendroit
„par ce moyen à découvrir nombre d'erreurs de
„toutes espèces, tant pour que contre ce naviga-
„teur, et qui, suivant la remarque de l'empereur
„Maximilien, sont inséparables de la vie de ceux
„qui visitent des pays fort éloignés. Je puis con-
„firmer ceci par un exemple. Pierre Van der Aa
„a fait imprimer en hollandois un grand nombre
„de voyages, sous le titre général de *Recueil des*
„*plus remarquables Voyages par terre et par mer,*

„aux *Indes Orientales et Occidentales* 1), où il est
„dit, au commencement du second volume, ce qui
„a engagé Colomb à tenter ses découvertes. A la
„page 7 on lit: *Il fut confirmé dans cette idée par*
„*Martin Behaim, Portugais,* de l'île de Fayal, son
„*ami, qui étoit un grand géographe* 2). Il seroit
„difficile de trouver chez quelqu'autre écrivain
„autant d'erreurs en si peu de lignes." Cela a
néanmoins été copié en 1777 par M. Robertson.

Wagenseil avoit formé le projet, de donner
des mémoires particuliers sur Martin Behaim, ainsi qu'on l'apprend par le passage d'une lettre de
Leibnitz, à Burnet 3), écrite en 1697; mais il est
à présumer, que sans les pièces authentiques que
j'ai actuellement entre les mains, il n'auroit rien
pu dire de nouveau sur ce sujet.

Il est surprenant, que M. Robertson 4) veuille

---

1) *Versameling der gedenkwaardigste zee-en-land-reysen*
na Oost-en-West-Indien 30 *deelen, in* 8° *Amsterdam*
1706.

2) „Deeze meening werd hem door Martin van Bo-
„heeme, vant' Eiland Fayal geboortig, een Portugees, zy-
„nen vrind, een groote weereldkundiger, bevestigd."

3) „On nous fait espérer des mémoires d'un gentilhom-
„me de Nuremberg; qui, à ce qu'on prétend, a connu
„l'Amérique avant Colomb. M. Wagenseil en parle dans
„un ouvrage de géographie, (*Pera juvenili; Synops. Géo-*
„*graph. page* 105)". *Oeuvres de Leibnitz,* édit. de Dutens,
tome VI. p. 261.

4) *Histoire de l'Amérique.* T. II. p. 434 de l'édit. de 1777.

1 *

enlever à l'Allemagne la gloire d'avoir donné le jour au chevalier Behaim; et que, faute de bons renseignemens, il prétend, que ç'ait été un Portugais, appellé *Martino de Boemia*; à cause qu'Herrera (*Decad. I. L. I. cap. 2. et Decad. II. L. II. cap. 19.*) parle d'un certain *Martino de Boemia* comme d'un ami de Colomb et que Gomera (*Hiſt. gener. de las Indias, ch. 91.*) dit, que le roi de Portugal a possédé un globe de ce Martin de Bohême. Il en conclut assez singulièrement, dans la note XVII du tom. II, *in- 12,* de la traduction françoise. „Qu'il est probable, que le nom de cet „artiste (Martin de Boemia) a porté les Allemands „à croire, qu'il étoit né en Bohème, et que ç'est „sur cette supposition qu'ils ont établi leurs pré- „tentions imaginaires." Le Jésuite *Bohuslaus Balbin,* dans sa *Bohemia docta* p. 211. publiée par *Vogler,* commit la même erreur.

Il faudroit au moins quand on veut se mêler d'écrire l'histoire de l'Amérique, qu'on connût le traité de Stuvenius. Pour éviter qu'on commette à l'avenir de pareilles bévues, j'ai communiqué le résultat de mes recherches à M. Russel, qui écrit actuellement une histoire de l'Amérique, dans laquelle il doit relever plusieurs erreurs de M. Robertson; et M. Forster, qui se propose de publier une critique de l'ouvrage de M. Robertson, doit pareillement parler de la faute grossière où cet écrivain est tombé à cet égard.

Comme en rapportant les paroles de Behaim,

j'aurai souvent occasion de renvoyer à son globe
terrestre, je crois, qu'il est nécessaire que je commence par en donner la déscription, après avoir
préalablement dit quelque chose des anciens globes et des anciennes cartes géographiques.

D'après un passage de Ptolemée on pourroit
conclure, que, cent cinquante-cinq ans avant l'ere
chrétienne, Hipparque a tracé les figures des étoiles sur un globe 1). On ignore cependant quel a
été le premier inventeur d'un globe terrestre. Probablement que c'est Anaximandre, disciple de Tha-
lès, ainsi que cela paroit confirmé par le témoignage de Diogène Laërce, (*Liv. II. ch. I.*) où il
est question d'un Planiglobe, et d'un globe terrestre: Και γης και Θαλασσης περιμετρον πρωτος εγραψεν.
αλλα και σφαιραν κατεσκευασε. „Il dessina les limites
„des terres et des mers sur un globe.“ Dans les
Nuées d'*Aristophane* v. 20. il est fait mention de
globes célestes et terrestres. On voit de ces globes sur les médailles et dans les tableaux des anciens 2). Demetrius Poliorcetes avoit ordonné de
représenter un globe terrestre sur son manteau
royal: εικασμα του κοσμου 3). Xiphilin dit, d'après
Dion 4), que Domitien fit tuer Métius Pomposia-

1) Voyez Montucla, *Histoire des Mathématiques*, tom. *I*,
pag. 274. Fabricius, *Biblioth. Gr. lib. IV*, *pag.* 455. *seqq.*

2) Pitture d'Ercol. *tom. II*, *tav.* 8.

3) Voyez Plutarque, dans la vie de Demetrius.

4) *Page* XIII, *édit.* de Reimarus.

nus, à cause qu'il avoit peint dans sa chambre
un globe terrestre, comme s'il eût aspiré au su-
prême pouvoir.

On peut consulter Fabricius 1) et Hauber 2)
sur l'antiquité des cartes géographiques. Plus d'un
interprète prétend, qu'il est question de cartes géographiques dans le livre de Josué, chapitre 18.
En Egypte, Sesostris, que le père Tournemine
croit être le Pharaon de l'Ecriture-Sainte, doit
avoir fait dessiner des cartes géographiques 3).
Aristagoras, tyran de Milet, montra à Cléomène,
roi de Macédoine, une table d'airain qui contenoit
la situation de toutes les terres, de toutes les
mers et de toutes les villes, depuis Sparte jusqu'à
Suze, la ville capitale de la Perse 4). On connoît
ce vers de Properce: *Cogor et e tabula pictos ediscere
mundos* 5); ainsi que la carte *) de Peutinger, du
temps de Sévère, (et non de Théodose), que feu
mon ami, M. Scheyb, publia à Vienne en 1753.
Agathodemon, mécanicien d'Alexandrie, qui vécut
au cinquième siècle, fut le premier qui fit des
cartes pour la géographie de Ptolémée. Ce sont les

1) *Biblioth. Antiquaria*, p. 195.

2) Hauber, *Versuch einer geschichte der landkarten.*

3) Voyez Eustathe *ad Dionys. Periegetem.*

4) Voyez Hérodote, *liv. V. ch.* 49.

5) Properce, *liv. IV. élég. III, v.* 35. Dans le temple
de la Déesse Tellus à Rome étoit une Carte d'Italie.

*) c'est une copie du XII. siècle.

vingt - sept cartes qui subsistent encore actuellement; mais qui certainement ont été fort altérées avant que Nicolas Donis, moine Bénédictin de Reichenbach, les eût traduites, l'an 1471, en latin; car jusqu'à ce temps-là les noms des lieux étoient écrits en grec, comme on le voit dans la Géographie de Ptolémée en grec, où se trouvent toutes ces cartes d'*Agathodaemon.* En 1762 j'ai vu chez M. Reimarus, à Hambourg, un fragment de la carte de l'Italie (*Ptolémée, tab. VII.*) avec les noms ainsi en grec, faite au onzième siècle. On imprima en 1478, à Rome, une copie de ces cartes de Donis gravées sur du laiton ou sur de l'étain, dont les noms des lieux y étoient emboutis avec des poinçons. Léonard Hol les fit graver en bois à Ulm, en 1482, ainsi que cinq autres cartes de la géographie moderne, faites aussi par Nicolas Donis. Vingt-trois cartes de cette collection d'Ulm, qui a été réimprimée en 1486, se trouvent imprimées sur vélin, et bien enluminées, dans le manuscrit latin de Ptolémée, fait en 1502, qui appartient à la bibliothèque de la ville de Nurenberg. Dans la bibliothèque d'Ebner, il y a un beau manuscrit latin de Ptolémée, de cent et trois feuilles, grand *in.-fol.* avec les vingt-sept cartes de Nicolas Donis, peintes en gouache. On peut voir, quelle idée ridicule les premiers chrétiens d'Alexandrie s'étoient formée de la figure de la terre, par la représentation qui s'en trouve dans la *Topographie chrétienne,* que quelques

écrivains attribuent à Kosmas Indopleustes 1).
Charlemagne avoit coutume de dîner à une table
triangulaire d'argent, sur laquelle étoit représentée
une mappemonde, ainsi que nous l'apprend Egin-
hard, de vita Car. M. Chap. 33. *De tribus mensis
argenteis statuit atque decrevit, ut una ex his, quae
forma quadrangula descriptionem Urbis Constantinopo-
litanae continet, inter caetera donaria, quae ad hoc
deputata sunt, Romam ad Basilicam B. Petri Aposto-
li deferatur, et altera, quae forma rotunda Romanae
Urbis effigie insignita est, Episcopo Ravennatis Eccle-
siae conferatur: tertiam, quae caeteris et operis pul-
chritudine, et ponderis gravitate multum excellit, quae
ex tribus orbibus connexa totius mundi descriptionem
subtili ac minuta figuratione complectitur, — in ter-
tiae partis in eleemosynam dividendae augmentum esse
constituit. Eginhartus de Vita Caroli M. cap. 33.
Nihil Ludovicus sibi reservavit, praeter unam men-
sam argenteam, quae triformis est, in medio quasi tres clypei in unum coniuncti. Thegan. in vita*
Ludovici pii, cap. 8.

Dans les temps des Croisades on avoit beaucoup de cartes géographiques; elles étoient plus
en usage dans le XIVme siècle. Dans la bibliothèque de Parme il y a une carte de l'an 1367.
Dans l'histoire de l'Acad. Roy. des Belles Lettres
et des Inscriptions etc. à Amsterd. 1719. 8. T. I;

---

1) Fabricius, *Biblioth. Gr. lib. III, pag. 613.*

p. 385. on lit dans le vieux catalogue de la bibliothèque des Rois Charles V, VI, et VII. (1364—
1461.)

Une carte de mer en tableaux, faite par maniè-
re de unes tables peintes et ystoriée, figurée, et escri-
te, et fermant a quattre fermoers.

Les Provinces du Munde, en un caier couvert de
parchemin.

Dans un volume, qui contient un recueil des
voyages de Març Paul, Saint-Brandan, Mandeville, Ulric de Frioul et Jean Schildperger, qui est
dans la bibliothèque de la ville de Nurenberg
(*Catal. Bibl. Solg. I. No.* 34.), l'ancien possesseur
de ce livre, appellé Matthieu Brazl, receveur des
domaines de l'électeur de Bavière, y a mis, en-
tr'autres, cette note, en 1488: „J'ai rassemblé et
„joint ensemble les susdits livres à cause d'une
„très-belle et très-précieuse mappemonde que j'ai
„fait faire avec beaucoup de soin; pour que la
„vue de cette mappemonde indique à ceux qui
„liront les récits de ces voyageurs, et leur appren-
„ne à connoître les pays inconnus, leurs moeurs
„et leurs usages; et afin que, si l'on trouve, que
„le texte ne suffit pas pour faire comprendre ces
„choses, on puisse avoir recours à la dite mappe-
„monde pour la comparer avec le texte, et s'in-
„struire ainsi de la véritable route, etc." Je dé-
„sire et je veux, que ceux de mes héritiers qui
„viendront à posséder cette mappemonde, y lais-
„sent joint le susdit volume, et que l'un ne soit

„jamais séparé de l'autre." Cette mappemonde ne se trouve plus parmi les manuscrits de la bibliothèque de Nurenberg, et il y a même lieu de croire, qu'il y a long-temps qu'elle est perdue.

Déscription du globe terrestre de Martin Behaim.

———

Le globe terrestre de Martin Behaim a un pied huit pouces de Paris de diamètre, et se trouve placé sur un haut pied de fer à trois branches. Il se garde dans le dépôt des archives de la famille de Behaim.

Le méridien est de fer, mais l'horison est de laiton, et n'a été fait que long-temps après (probablement par Jean Werner) ainsi que cela semble prouvé par l'inscription qui se trouve sur le bord, et qui porte: *Anno Domini 1510 die 5 Novembris.*

Les différentes possessions sont indiquées sur ce globe par des pavillons portant les armoiries des puissances respectives. Ces pavillons sont peints, ainsi que les demeures et les figures des habitans de chaque pays, qui sont dessinés avec beaucoup de soin *). Les noms des lieux sont

———

*) Comme dans le Planisphère d'André Bianco de l'an 1436, chez Formaleoni, dans le *Saggio* sulla nautica antica de' Veneziani, Pl. 3.

écrits avec de l'encre rouge et jaune. Le globe
est couvert d'un vélin noirci. Tout y est indiqué
suivant les descriptions de Marc Paul et de Mandeville, exactement de la manière que Colomb se
l'étoit imaginé; savoir, que Cipango (ou le Japon)
est le pays le plus avancé vers l'est; ce qui fut
'cause que dans ses découvertes il prit l'Amérique
pour une partie de l'Asie, qu'il lui donna le nom
d'Indes Occidentales, et qu'il conserva jusqu'à la
fin de sa vie le projet de découvrir une route
vers les Indes Orientales; projet qu'eut aussi Cortez 1), dans le même temps que Magellan avoit déjà passé par le fameux détroit qui porte son nom
dans la mer du Sud, et y avoit découvert les îles
Philippines: car autrefois on ne pensoit qu'à Cipango et au Cathai. Si, lorsque Colomb découvrit l'île de Guanahani, qui est une des Lucaies,
il avoit continué tout droit sa route, il seroit en-
tré infailliblement dans le golfe du Mexique. C'est
ainsi qu'il manqua de même de découvrir, lors de
son quatrième voyage, en 1502, Jucatan et toute
la côte du Mexique, dont il n'étoit plus éloigné que
de trente lieues 2).

Dans le dépôt des archives de la famille de
Behaim il y a un dessin assez exact et assez pro-
prement fait de ce globe, sur deux feuilles de
vélin.

1) Voyez Robertson, Histoire de l'Amérique.
2) Voyez Herrera, liv. V, chap. 5.

Au bas du globe, près du pole antarctique, est peint, dans un cercle de sept pouces de diamètre, l'aigle de Nurenberg, avec la tête de jeune vierge. Au-dessous, au milieu, sont les armes de la famille de Nutzel; à la droite de l'aigle on voit les armes des familles de Volkamer et de Behaim; et à la gauche celles des familles de Groland et de Holzschuer. Autour de ces peintures est écrit sur cinq lignes ce qui suit *):

„A la demande et réquisition des sages et vénérables magistrats de la noble ville impériale de „Nurenberg, qui la gouvernent actuellement, nommés Gabriel Nutzel, P. Volkamer et Nicolas Groland, ce globe a été inventé et exécuté, d'après „les découvertes et les indications du chevalier „Martin Behaim, très-versé dans l'art de la cosmographie, et qui a navigué autour d'un tiers de „la terre. Le tout pris avec beaucoup de soin „dans les livres de Ptolémée, de Pline, de Strabon et de Marc Paul; et le tout rassemblé, tant „terres que mers, suivant leur forme et leur situation, ainsi que cela a été ordonné par les „susdits magistrats à George Holzschuer, qui a „concouru à l'exécution de ce globe en 1492; lequel globe a été laissé par le susdit seigneur „Martin Behaim à la ville de Nurenberg, comme „un souvenir et un hommage de sa part, avant „qu'il ne retournât chez sa femme, qui étoit dans

---

*) Voyez les Pièces justificatives, Nr. X.

„une île éloignée de sept cens lieues, où il a
„établi sa demeure, et où il se propose de termi-
„ner ses jours *). "

Sur la partie inférieure du globe, dessous la
ligne équinoxiale, on lit:

„Il faut savoir, que cette figure du globe re-
„présente toute la grandeur de la terre, tant en
„longitude qu'en latitude, mesuré géométrique-
„ment, d'après ce que Ptolémée dit dans son li-
„vre intitulé: *Cosmographia Ptolemaei*; savoir une
„partie; et ensuite le reste d'après le chevalier
„Marc Paul **), qui, de Vénise, a voyagé dans
„l'Orient, l'an 1250, ainsi que d'après ce que le
„respectable docteur et chevalier Jean de Mande-
„ville a dit, en 1322, dans un livre, sur les pays
„inconnus à Ptolémée, dans l'Orient, avec toutes
„les îles qui y appartiennent, d'où nous viennent
„les épiceries et les pierres précieuses. Mais l'il-
„lustre Don Juan, roi de Portugal, a fait visiter,
„en 1485, par ses vaisseaux tout le reste de la
„partie du globe, vers le Midi, que Ptolémée n'a
„pas connue; découverte à laquelle moi, qui ai
„fait ce globe, me suis trouvé. Vers le Couchant
„est la mer appellée l'Océan, où l'on a également
„navigué plus loin que ne l'indique Ptolémée, et
„au-delà des colonnes d'Hercule jusqu'aux îles

*) Voy. Les Preuves. Nr. X.

**) En Allemand à Nuremberg, 1477. par Fritz Creus-
ner, in-fol. à Augsbourg, 1481, par Antoine Sorg, in-fol.

„Açores, Fajal et Pico, qui sont habitées par le
„noble et pieux chevalier Job de Heurter de Moer-
„kirchen, mon cher beau-père, qui y demeure
„avec les colons qu'il y a menés de Flandres, et
„qui les possède et les gouverne. Et vers la ré-
„gion ténébreuse au Nord, on trouve, au-delà
„des bornes indiquées par Ptolémée, l'Islande, la
„Norvège et la Russie; pays qui nous sont au-
„jourd'hui connus, et vers lesquels on envoie tous
„les ans des vaisseaux; quoique le monde soit as-
„sez simple pour croire, qu'on ne peut pas aller
„ou naviguer partout, de la manière dont le glo-
„be est construit. "

Dessous les îles du Prince, de Saint-Thomas
et de Saint-Martin est écrit:

„Ces îles furent découvertes par les vaisseaux
„que le roi de Portugal envoya vers ses ports du
„pays des Maures, l'an 1484. Ce n'étoient que
„des déserts, et nous n'y trouvâmes aucun hom-
„me, mais seulement des forêts et des oiseaux.
„Le roi de Portugal y fait passer tous les ans
„ceux de ses sujets qui ont mérité la mort, tant
„hommes que femmes, et leur donne les terres à
„labourer pour se nourrir, afin que ces pays
„soient habités par les Portugais.

„Item, dans ces contrées il fait été pendant
„que nous avons l'hiver en Europe; et tous les
„oiseaux ainsi que les quadrupèdes y sont autre-
„ment faits que les nôtres. Il croît ici beaucoup
„d'ambre qu'en Portugal on appelle *Algallia*. "

Doppelmayr a fait représenter ce globe fort en petit, quoique, en général, d'une manière assez fidelle 1). Cependant il y a plusieurs lieux indiqués sur le globe que Doppelmayr ne cite pas. Je vais donner tout ce qui s'y trouve écrit, et que j'ai copié fidellement d'après le globe même.

Au promontoire du Cap de Bonne-Espérance il est dit:

„Ici furent plantées les colonnes du roi de „Portugal, le 18 Janvier de l'an 1485 de Notre-„Seigneur.

„L'an 1484 après la naissance de J. C., l'illu-„stre Don Juan, roi de Portugal, fit équiper deux „vaisseaux, qu'on appelle Caravelles, munis d'hom-„mes, avec des vivres et des armes pour trois ans. „Il fut ordonné à l'équipage de naviguer en pas-„sant les colonnes plantées par Hercule en Afri-„que, toujours vers le Midi et vers les lieux où „se lève le soleil, aussi loin qu'il leur seroit pos-„sible; et le dit roi chargea aussi ces vaisseaux de „toutes sortes de marchandises, pour être vendues „et données en échange, ainsi que de dix-huit

---

1) Voyez Hist. Nachricht von Nürnbergifchen Mathematicis und Kunstlern, tab. I. Il s'y est néanmoins glissé quelques erreurs, ainsi qu'on pourra s'en convaincre en y comparant le planisphère que nous en donnons ici. Par exemple, Doppelmayr a mal lu ce qui est écrit près du Pôle Arctique, car il dit: Ici on trouve des hommes blancs; tandis qu'il y a: Ici, l'on prend des Faucons blancs. Hie fecht (fahet) man weissen valcken.

„chevaux, avec tous leurs beaux harnois: qui fu-
„rent mis dans les vaisseaux pour en faire pré-
„sent aux rois Maures, à chacun un, quand nous
„le jugerions convenable. On nous donna aussi
„des échantillons de toutes sortes d'épiceries pour
„les montrer aux Maures, afin de leur faire con-
„noître par-là ce que nous venions chercher dans
„leur pays. Etant ainsi équipés, nous sortîmes
„du port de la ville de Lisbonne, et fîmes voile
„vers l'île de Madere, où croît le sucre de Portu-
„gal; et après avoir doublé les îles Fortunées et
„les îles sauvages de Canarie, nous trouvâmes des
„rois Maures à qui nous fîmes des présens, et qui
„nous en offrirent de leur côté. Nous arrivâmes
„dans le pays, appellé le royaume de Gambie, où
„croît la mallaguette; il est éloigné de huit cens
„lieues d'Allemagne de Portugal; après quoi nous
„passâmes dans le pays du roi de Furfur, qui en
„est à douze cens lieues ou millés, et où croît le
„poivre, qu'on appelle poivre de Portugal. Plus
„loin encore au-delà est un pays où nous trouvâ-
„mes que croît l'écorce de canelle. Nous étant
„maintenant éloignés de Portugal de deux mille
„trois cens lieues, nous revînmes chez nous, et
„le dix-neuvième mois nous nous retrouvâmes de
„retour chez notre roi."

De l'autre côté de la pointe de l'Afrique, pro-
che de Riotucunero, (aujourd'hui Targonero) et
de Porto Bartholo Viego, est peint le pavillon
Portugais, près duquel on lit:

2

„Jusqu'à ce lieu-ci sont venus les vaisseaux
„Portugais qui y ont élevé leur colonne; et au
„bout de dixneuf mois ils sont arrivés de retour
„dans leur pays. *Doppelmayr* (x)".

Le Cap Verd.

„Il faut savoir que la mer, appellée l'Océan,
„qui se trouve entre le Cap Verd et ce pays, for-
„me un courant rapide vers le Sud. Lorsque Her-
„cule fut arrivé ici avec ses vaisseaux, et qu'il
„eut remarqué ce phénomène, il s'en retourna, et
„planta ses colonnes, dont l'inscription prouve
„qu'on croit qu'Hercule n'a pas été plus loin;
„mais celui qui a écrit ceci fut envoyé plus avant
„par le roi de Portugal, l'an 1485.".

Je donne ici un planisphère exact (de la même grandeur qu'est cette partie sur le globe de
Behaim), depuis les Açores jusqu'à la pointe de
l'Inde ou plutôt de la Chine, qui, dans le temps
de notre navigateur, portoit le nom de Cathai;
c'est-à-dire, de la moitié de la terre, suivant la
géographie moderne. On pourra juger par-là, si
Martin Behaim a véritablement contribué à la découverte de l'Amérique? Suivant la représentation
en petit que Doppelmayr a donnée de ce globe,
il seroit à croire, qu'il faudroit répondre négative-
ment à cette question; et l'on apperçoit, que Stuvenius n'auroit jamais écrit son traité: *De vero No-*

vi Orbis Inventore 1), s'il avoit vu ce globe même, qu'il n'a connu que pour en avoir entendu parler, ainsi qu'il le dit lui-même, page 43: *Et quo pe-*
regrinationum suarum exstaret clarissimum monumen-
tum, globum terrestrem perfecit Martinus, in quo iti-
nera sua, ET SIMUL AMERICANAS INSULAS, HUJUS'
QUE CONTINENTIS LITORA CUM FRETO MAGELLANI-
CO ADUMBRAVIT, *eamque filio suo reliquit, quem in-*
clytam Behaimorum gentem adhuc hodie servare, ab
amico quodam mihi relatum est. Ce que Behaim va
dire dans le moment de l'île Antilia ou *Septe Ri-*
tade, ainsi que de celle de Saint-Brandan, il ne l'a-
vance que sur les recits qu'on lui en avoit faits,
et qu'il s'est contenté de transcrire.

„Les îles Fortunées ou du Cap Verd, sont
„d'un climat salubre, et se trouvent habitées par
„les Portugais depuis l'an 1472."

Les Açores ou Isles Cathérides (g). *)
„Les susdites îles furent habitées l'an 1466,

1) Francof. ad Moenum, 1714, in 8.

*) Le mot *Cathérides* est corrompu de *Cassiterides,*
Herodot. L. III, c. 115. *Strabon* L. III, et *Ptolémee* les
appellent Καττιτεριδες, *isles d'étain,* du mot κασσιτερος, *stan-*
num. Ex adverso Celtiberiae complures sunt insulae, Cassiterides *dictae Graecis, a fertilitate plumbi; et e regione Ar-*
rotrebarum *promontorii, Deorum sex, quas aliqui* fortunatas *appellauere; Plin.* nat. hist. L. IV. c. 22. *Solin.* cap. 36.
Feu Mr. Forster, le père, prétend dans son ouvrage sur
les découvertes et navigations du Nord, p. 17, que ces isles

2 *

„lorsque le roi de Portugal 1) les donna, après
„beaucoup d'instances, à la duchesse de Bourgo-
„gne sa soeur, nommée Isabelle. Il y avoit alors
„en Flandres une grande guerre et une extrême
„disette; et la dite duchesse envoya de Flandres
„dans ces îles, beaucoup de monde, hommes et
„femmes de tous les métiers, ainsi que des prê-
„tres, et tout ce qui appartient au culte religieux;
„comme aussi plusieurs vaisseaux chargés de meu-
„bles et ce qui est nécessaire à la culture des ter-
„res et à la bâtisse des maisons; et elle fit donner
„pendant deux ans tout ce dont ils pouvoient avoir
„besoin pour subsister, afin que dans la suite des
„temps on pensât à elle dans toutes les messes, cha-
„que personne d'un *Ave Maria*; lesquelles person-
„nes montoient au nombre de deux mille; de sor-
„te, qu'avec ceux qui y sont passés et nés depuis,
„ils forment plusieurs milliers. En 1490, il y
„avoit encore plusieurs milliers de personnes, tant
„Allemands que Flamands, lesquels y avoient pas-
„sé avec le noble chevalier Job de Huerter, sei-
„gneur de Moerkirchen en Flandres, mon cher
„beau-père, à qui ces îles ont été données pour

soient les Sorlingues et l'isle de Scilly. Mais il a tort. Il
faut faire aux Auteurs anciens une extrême violence, pour
supposer, qu'ils ont voulu parler des Isles britanniques.
Bruzen la Martiniera Dict. géogr. et crit. T. II, P. II, art.
Cassiterides.

1) Alphonse V.

„lui et pour ses descendans par la dite duchesse
„de Bourgogne; dans lesquelles îles croît le sucre
„Portugais. Les fruits y mûrissent deux fois par
„an, car il n'y a point d'hiver, et tout les vivres
„y sont à bon marché; de sorte que beaucoup de
„monde peut encore y aller chercher sa subsistance.

„L'an 1431 après la naissance de notre Sei-
„gneur Jésus-Christ, lorsque régnoit en Portugal
„l'infant don Pierre, on équipa deux vaisseaux
„munis des choses nécessaires pour deux ans, par
„les ordres de l'infant don Henri, frère du roi de
„Portugal, pour aller à la découverte des pays qui
„se trouvoient derrière Saint Jacques de Finisterre;
„lesquels vaisseaux, ainsi équipés, firent toujours
„voile vers le Couchant, à-peu-près cinq cens
„lieues d'Allemagne. A la fin ils découvrirent un
„jour ces dix îles; et s'y étant débarqués, ils ne
„trouvèrent que des déserts et des oiseaux, qui
„étoient si apprivoisés qu'ils ne fuyoient devant
„personne; mais on n'apperçut dans ces déserts
„aucune trace d'homme ni de quadrupède; ce qui
„étoit la cause que les oiseaux n'y étoient pas
„farouches. Voilà pourquoi on donna à ces îles
„le nom d'Açores, ce qui veut dire les îles aux
„autours. Et pour satisfaire à l'ordre du roi de
„Portugal, on y envoya l'année suivante seize
„vaisseaux avec toutes sortes d'animaux domesti-
„ques; et l'on en mit une partie dans chaque île
„pour qu'ils y multipliassent.‟

Isle Antilia, appellée Septe Ritade (h). (Se-
ptem reticulae).

Ceci est une des principales choses à remar-
quer sur le globe de Behaim. Les Portugais con-
n.·issoient donc déjà alors le nom d'Antilles, alors
îles fabuleuses, sur lesquelles je citerai l'explica-
tion qu'on en trouve dans le *grand Dictionnaire Por-*
tugais de Bluteau, article ANTILHAS. *He o nome*
de humas pequenas ilhas do Archipelago da America
Méridional, assi chamadas, como quem dissera ilhas
oppostas, ou frontieras as grandes ilhas da America.
On leur donna ce nom par comparaison aux grandes îles de l'Amérique. Dans la bibliothèque de
St. Marc est une carte de navigation de dix feuilles. Sur la première on lit le nom du dessinateur:
Andreas Biancho de Veneciis me fecit MCCCCXXXVI.
On y voit les Antilles indiquées de la même main:
Isola de Antillia. Ce manuscrit est marqué sur la
marge de la première feuille, de l'an LXXVI (1476.)
Voy. *Saggio di osservazioni particolari sopra lo Stato*
in cui attrovasi presentemente la naval costruzione in
Venezia etc. *dal Signor Giandomenico Cavallotto.*
Venezia, 1766. 8.

Les Vénitiens se servirent déjà en 838 de vaisseaux à voiles, sans rames, par consequent ils
avoient notice de la boussole. André Bianche dessina ses dix cartes de navigation d'après des cartes
du XIII siècle. Elles n'ont pas aucune des décou-

vertes de Marco Polo. *) Voy. *Saggio sulla Nautica antica de' Veneziani. Con una Illustrazione d'alcune carte idrografiche antiche della Biblioteca di S. Marco, che dimostrano l'Isole Antille prima della scoperta di Cristoforo Colombo. Dì Vincenzio Formaleoni. In Venezia* 1783. gr. in 8. Avec 4 planches gravées. L'auteur montre, qu'on avoit avant l'année 1436, connoissance des côtes de l'Afriqne au dessus du Cap Bojador, des îles Canaries, des côtes d'Islande, de Norwegue, du Groenland, comme aussi de la Terre neuve ou *Antillia.*

Dans la bibliothèque du duc de Parme se trouve une carte géographique avec la notice: *Baptista Bedrazius civis Januae, composuit hoc anno Domini millesimo cocccxxxvi. — die Julii.* Outre les îles fortunées on y lit: *insulae de novo repertae.* Dans le catalogue de cette bibliothèque cette carte est ainsi décrite: *Post insulas fortunatas aliae conspiciuntur insulae, rudi tamen et indocta circumscriptione redditae. Maior longum terrae tractum forma paene rectangula repraesentat, cui inscribitur* Antillia. *Altera, non brevi intervallo distans, eiusdem paene figurae, sic annotatur* Seravagio. *Huic proxima adiacet insula minor falcata cum lemmate* Tanmor. *Tandem pone Antilliam postrema est quadratae quasi formae, latera uno paululum convexo, quae obscuro hoc nomine donatur* Royllo. *Infra vero scriptum legitur:*

*) *Formaleoni* sulla nautica antica de' Veneziani, p. 59.

Insulae de novo repertae. Voy. Gentleman's Magazine 1785, Febr. pag. 104.

D'autres disent, qu'il s'y trouve aussi une carte de l'an 1367. Il me semble très vraisemblable, que le nom *Seravagio* doive signifier l'Isle *delaman satanaxio* de la carte de *Bianco* dans la bibliothèque de Saint Marc à Venise publiée par Mr. *Formaleoni*. Elle est placée dans la 3me et 4me planche sous l'*Antillia*, et est la même que l'Isle *Delaman* de *Domenico Mauro Negro* de Venise qui a écrit vers l'an 1490 onze livres de commentaires géographiques; mais on a publié de lui seulement 26 cartes à Bàle en 1557. Mr. *Formaleoni* en parle ainsi, pag. 49: *L'India era in que' tempi, come ognuno sa, il paese delle maraviglie, e comprendeva tutte le provincie, ed isole immaginarie, o non ben conosciute. Quest' opinione era si ben fondata, che gli Spagnuoli, e i Francesi stessi danno tuttavia il nome d'Indie Occidentali all' isole Antille. La manò portentosa non poteva essere certamente, che quella d'un demonio, e d'un demonio grande, poichè appariva di mostruosa grandezza. Ecco provato, ch'era la mano di Satanàsso principes che regna oggidì sul trono di Plutone. Che fosse poi l'isola, o continente il paese molestato da quella mano diabolica, poco importava; bastava sapere, che la cosa era così, e credere che vero fosse il fatto. Lo credeva per quanto pare anche il Bianco, che ne fece onoratamente menzione in questa sua carta, (Pl. 4.) e la chiamò isola Delaman Satanaxio, quest' isola, di cui appena si vede il principio in questa carta*

nautica, è per intiero delineata nel planisferio (Pl: 3.)
*dello stesso autore qui annesso; e si vede, ch'era tenuta
per isola poco minore dell' Antilla, a cui somiglia
moltissimo nella figura; ma non vi è segnato il nome,
nè dell' una, nè dell' altra, come nemmeno dell'
Azoridi, e delle Canarie.* Cette île est peut-être celle
de Saint Brandan, dans le Globe de *Martin Behaim.*

Dans la bibliothèque de feu Mr. *Moerl* à Nuremberg étoit une grande carte hydrographique
sur velin des côtes d'Espagne, de France, d'Angleterre, d'Irlande, et du mer mediterraneen, avec
l'inscription : *Petrus Roselli* composuit hanc cartam
in civitate majoricarum anno domini ᴍᴄᴄᴄᴄʟxɪɪɪɪ.
Voy. Catal. Bibl. Joh. Sig. Moerl, P. I, p. 6.

Aussi dans la bibliothèque de la ville et ré-
publique de Genève (Catal. raisonné de Mr. Sene-
bier, p. 212) se trouvent quatre cartes marines sur
vélin, collées sur des tablettes de bois. Ces cartes comprennent l'Asie, l'Europe, l'Afrique et l'Amérique. On y distingue les princes auxquels appartiennent les côtes, par leurs Pavillons qui y sont
peints, comme sur le globe de notre Martin Behaim. Dans la carte de l'Amérique on trouve
les Isles Fortunées qui furent découvertes en 1343
par un François nommé *Bethencourt*, et qui sont
appellées dans cette carte, *Insulae Fortunatae Sti.
Brandani.* Au-de là l'auteur a écrit ces mots: *In
hac Regione sunt plagae arenosae et desertae valde
magnae, et ideo terra ista scilicet maritima est et pro ma-
iori parte inhabitata, nisi hominibus qui sunt nigri et*

semper vadunt nudi, qui semper dicunt, quod quot millia-
ria tenditis in mare, tot passus habetis in fundo.

Tels sont les préjugés qu'on nourrissoit avant
la découverte de l'Amérique par Christophe Colom en 1492. Cette carte étoit faite long-temps
avant cette expédition, car on lit au bas de la carte
qui devoit représenter l'Amérique: *Andreas Be-*
nincasa F. Gratiosi Anconitani composuit anno Domini
MCCCCLXXVI. Le Cardinal *Borgia* en a une copie
de l'an 1508.

Il faut que je finisse l'énumération de tant de
précieux monumens par une collection de cartes
anciennes de navigation que possède ce digne pré-
lat, qui m' honore de ses lettres.

Il y en a treize toutes en parchemin, les unes
fort grandes, et toutes faites à la main avec une
grande exactitude et beaucoup de précision; quel-
ques-unes sont sans date ni nom d'auteur. Voici
celles qui ont et la date et le nom de l'auteur:

Jebudabenzara, à Alexandrie, en 1446.

Andrea Benincasa, d'Ancone, en 1508.

Hieronymus, de Verrazano, en 1528.

Diego Ribero, à Séville, en 1529.

Comte de Octomanno Freducci, d'Ancone, en
1538.

Jean Martines, à Messine, l'an 1586.

Le cardinal en possède une bien rare et bien
précieuse, qui est en bronze, faite avant la découverte de l'Amérique: on la grave actuellement; elle
a deux pieds de Paris de diamètre. Son Eminence

m'en instruit dans sa lettre de Rome du 10me
Décembre 1794:

*L'acquisto, che ho fatto di un Planisferio Geo-
grafico in bronzo, di forma rotonda, e del diame-
tro di palmi due, e oncie dieci Romane, mi procac-
cia il piacere di darlene la notizia, per aver poi da
lei qualche maggior lume sopra si fatti monumenti di
antica Geografia, de' quali non so se altro ne esista
in forma di Planisferio. Contiene l'Asia, l'Europa, e
l'Affrica, ed i luoghi principali, fiumi, mari, monti
vi sono scolpiti a bolino, e riempiti poi i tagli del bolino con smalto, o sia opera di niello. Il colore dello
smalto è rosso, ove indicasi fuoco, bianco, ove
l'oggetto è bianco, comme les vele delle navi scolpite
in mezzo ai mari, e nel resto nero. Il monumento è pieno di varie erudizioni locali con varie
epoche, e la più recente di queste epoche appartiene
all' anno 1395, ed è la sconfitta data ai Cristiani
da Bajazet. Presto la città di Bordeaux è scolpito:*
Johannes Rex Francie hic captus per principem
Walie. *Questi fù Giovanni II, Re di Francia, che
incominciò a regnare nel 1351 e morì nel 1364. Così nel regno di Spagna si rimarca:* Infidelis Yspa-
nia christianitate submissa per Karolum magnum
post multa bella comissa. *Nell' Affrica vi è ram-
mentata la sede del Prete Janni, secondo l'errore
volgare; e moltissime altre cose ben curiose si leggono
sparse quà e la ai loro luoghi nelle trè parti di mondo, che rappresenta il mio Planisferio, quale dal la-
voro e dal carattere mi pare opera tedesca. Con*

questi pochi lumi, ella saprà, dirmene molto di più,
e specialmente se le siano cogniti altri Planisferj Geografici scolpiti in bronzo.

Monseigneur le cardinal, après avoir enrichi
ma petite bibliothèque de livres tirés de son tré-
sor, il m'écrit dans sa lettre du 31 Janvier 1795:
Ho ricevuto il fascicolo delle sue grazie, unite
alla sua pregiatiss. del 17 del cadente, relativamente
al Planisferio geografico di bronzo del mio Museo.
Da quanto ella mi motiva, rilevo che il mio Planisferio è monumento presso che singolare in bronzo di
tanta antichità, che abbiano esistito altri monumenti
geografici in metallo, che ella mi cita, come quello
indicato da Eginardo, ed altro, che ella vedrà rile-
vato nelle note al Globo cufico celeste del mio Museo.
Nel medesimo io tengo tredici Carte geografiche, specialmente nautiche, in pergamena, delle quali quattro
abbracciano tutto l'Orbe conosciuto, quando furono
fatte, e nove danno il mediterraneo e l'arcipelago, e
di queste carte, nautiche per la maggior parte, altre
furono lavorate in Alessandria di Egitto, altre in Italia, ed altre in Spagna, e varie di esse portano anche
l'epoca, come quella di Alessandria fatte nel 148>;
una fatta in Spagna bellissima, perchè porta la linea
stabilita in Tordesillas nel 1494, ha il nome di Diego
Ribera, Cosmografo Regio, che la fece in Siviglia
del 1529. *) Altra porta il nome di Girolamo Ver-

---

*) La même Carte est à Nuremberg, dans la Biblio-
thèque fondée par feu Mr. Jerôme Guillaume d'Ebner pour

razano, fratello di Giovanni, che scoprì una parte
dell' America settentrionale, e così altre. Ma tra le
mie una, non segnata da alcuna epoca, mostra un'
antichità superiore alla Parmense del 1367. Spero
di soddisfare gli eruditi colla pubblicazione de monu-
mento, che, come lo accennai, è ben curioso per le
varie erudizioni, che vi sono sparse, giacchè quanto
alla posizione geografica de' luoghi mostra che chi lo
fece operava per lo più a caso, che a seconda della
verità. . Gioverà niente di meno per la storia della
Geografia. Intanto io mi sono molto istruito nella co-
pia delle tante e belle sue dotte osservazioni sulla
Geografia di Francesco Berlinghieri, che ho trovato
nel Fascicolo rimessomi; etc.

J'ai vu en 1760 dans la bibliothèque des Ca-
maldules all' Isola di San Michele a Murano, près
de Vénise, un Planisphère ou Mappe-Monde sur
velin, de cinq pieds et huit pouces de diamètre,
dessinée par *Mauro*, savant moine de ce Couvent,
en 1457, pour Alphonse V, Roi de Portugal, au-

l'usage du Public. Elle a le titre : *Carta universal en que*
se contiene todo lo que del mundo esta descubierto hasta
agora: hizola Diego Ribera, cosmographo de su magestate
Anno do: 1529. On lit au bas de cette Carte qui a deux
pieds, onze pouces de hauteur, sur sept pouces et deux
pouces de largeur: *La qual se diuida en dos partes conforme*
a la Capitulazion que hizieron los catholicos Reyes de
España con Rey Don Juan de Portogal en la villa de Tor-
desillas Anno Do. 1494.

quel il l'envoya en 1459. On la conserve encore dans l'Abbaye d'Alcobaça de l'ordre de Cîteau.

Manuel de Faria y Sousa fait mention dans son *Europa Portugueza*, T. II, P. III, c. 1, p. 334. (Lisboa, 1666. fol.) d'une telle carte. Il dit, que Don Pedro, (fils de Jean I) Duc de Coimbra, Regent et Tuteur d'Alphonse V, l'avoit apporté de ses voyages au commencement du quinzième siècle. On la trouva en 1528 au couvent d'Alcobaça. Peut-être on en trouve des notices dans les *Memorias del Rey Dom Joam o I. Pelo Académico* Joseph Soarez de Sylva. *Em Lisboa*, 1730. 4. 2 Vol.

Dans la carte de *Mauro* on voit le promontoire, appellé par les Portugais *cabo do diavo*, et après Cap de bonne espérance, avec une remarque qu'un vaisseau y toucha en 1420. Il fait aussi mention (avant le grand *Newton*) d'une *virtù attractiva* du soleil et de la lune, comme cause du flux et réflux de la mer. *)

,,L'an-734 après la naissance de Jésus-Christ, ,,année que toute l'Espagne fut soumise par les ,,payens venus de l'Afrique; la dite île Antilia, ,,nommée *Septe Ritade*, fut habitée par un arche-,,vêque de Porto en Portugal, avec six autres évê-,,ques et nombre de chrétiens, hommes et femmes,

*) Jac. Jonas Björnstähls Briefe etc. 2 Band, p. 216. Voyez aussi *Mitarelli* Bibliotheca Codicum Mss. monasterii S. Michaelis Venetiarum prope Murianum etc. Venetiis, 1779. fol. mai. col. 628.

„qui s'y étoient sauvés d'Espagne avec leurs besti-
„aux et leurs biens. C'est un vaisseau Espagnol
„qui en 1414, s'en étoit approché le plus près."

Isle de Saint-Brandan (1) (i).

„L'an 565 après la naissance de Jésus-Christ,
„saint Brandan arriva avec son navire à cette île,

---

1) *Hanc Insulam aliqui geographi etc. hydrographi IN-*
SULAM S. BRANDANI *vocant, e regione terrae Cortere-*
ali, sive novae Franciae Americae Septentrionalis sitam
in Oceano Boreali. Voyez *Honorii Philoponi, ord. S. Be-*
ned. NOVA TYPIS TRANSACTA NAVIGATIO NOVI
ORBIS INDIAE OCCIDENTALIS, RR. PATRUM MO-
NACHORUM ORDINIS S. BENEDICTI 1621, FOL. PAG.
14. Dans le manuscrit du XIII Siècle de *Honorii* Presbyteri, Augustodunensis, Imagine mundi s. Geographia,
dans la Bibliothèque de feu Mr. d'Ebner (n. 9 in 4°) on
lit dans le chapitre, *de Insulis,* fol. 6. b. *Est quaedam oce-*
ani insula dicta perdita *amenitate et fertilitate omnium re-*
rum pre cunctis terris longe prestantissima. hominibus incog-
nita. que aliquanto casu inventa. postea quaesita. non est re-
perta. et ideo dicitur perdita. *Ad hanc fertur brandanus ve-*
nisse. On peut conjecturer, que cette île soit celle de
Bianchi, appellée *Seravagio,* nom corrompu du *Satanaxio.*
Cette île, dont l'existence est purement imaginaire doit
avoir été appellée *Ima.* Dans *Sti. Maclovii sive Machutis,*
épiscopi Alethensis urbis in Britannia Armorica, (Saint Malo)
tertiis actis, que Jean de Bos sa publié dans sa *Bibliotheca*
Floriacensi, il est fait mention au cinquième et sixième
chapitres du voyage fabuleux de Saint Brandan; et il en
est aussi parlé dans LES ACTIS SANCTORUM, D. XVI,
MAII (T. III, P. 602). *Insulam, in illis partibus famosis-*

„où il vit beaucoup de choses merveilleuses; et
„après sept ans écoulés, il s'en retourna dans son
„pays.‟

Les Isles Féminine et Masculine (bb).

„Ces deux îles furent habitées l'an 1285, l'une
„seulement par des hommes et l'autre seulement

simam, in Oceano videlicet positam, vocabulo Imam, *cum magistro* (BRENDANO) *et sociis disposuit navigando adire Dicebatur autem non minimam Paradisiacarum habere similitudinem deliciarum. Parata itaque nave cum omnibus tantae navigatione opportunis et necessariis confitentes omnino et sperantes in domino Jesu Christo, cui aeternaliter ut Unigenito, Dei Patris et venti, et mare obediunt, proficiscentes nonaginta et quinque circiter numero Fratres, cum una spatiosa navi committunt se pelago. Ubi hac illacque diu navigando vagantes, cum jam prolixo tempore, licet sine discrimine vel jactura aut exitio alicujus suorum, navigio lassati, quam quaerebant insulam, invenire nequirent; peregratis Orcadibus ceterisque Aquilonensibus insulis ad patriam redeunt, CAP. 6. Machutus ordinatus Episcopus, ad praedictam insulam multorum ore laudabilem, in qua fama ferebatur coelicos cives inhabitare, cum sacro quondam suo magistro Brendano, aliisque sacris aeque viris, aggressus est navigare. In qua navigatione pluribus in mari manentes vel permanentes annis, ad septennium usque pervehiunt; sicque factum est, ut vicissim annali recursu annos interpolante, septies sanctum Pascha contingeret eis in mari celebrare, etc.* Après quoi suit la fable connue des géans ressuscités, des baleines, etc. Le savant jésuite Godefroi Henschenius, qui a fait un examen critique de la vie de Saint Brandan, en dit avec raison: *cujus historia, ut fabulis referta omittitur.*

„par des femmes, qui se joignent une fois par an.
„Ils sont chrétiens et ont un évèque, qui releve
„de l'archevèque de l'île de Scoria 1). "

Isle de Scoria.

„L'île de Scoria est située à cinq cens milles
„d'Italie des îles Masculine et Féminine. Les insu-
„laires en sont chrétiens, et ont pour seigneur un
„archevèque. On y fabrique de bonnes étoffes de
„soie. Il y croît beaucoup d'ambre, à ce que dit
„Marc Paul au trente-huitième chapitre de son
„troisième livre."

„Item, il faut savoir, que les épiceries qui se
„vendent dans les îles des Indes Orientales, passent
„par beaucoup de mains avant qu'elles ne vien-
„nent dans notre pays."

„Premièrement, les habitans de l'île appellée
„Grand Java les achetent dans les autres îles, où
„leurs voisins les rassemblent, pour les vendre
„dans leur île."

„Secondement, ceux de l'île de Seylan 2), où
„Saint-Thomas est enterré, achetent les épiceries
„dans l'île de Java et les apportent chez eux."

„Troisièmement, dans l'île de Ceilan on les
„débarque de nouveau, pour être échangées et ven-
„dues aux négocians de l'île Aurea dans la Cher-
„sonese, où on les met en dépòt."

1) Marc Paul écrit *Scoira*.
2) Marc Paul écrit *Soylam*.

3

„Quatrièmement, les négocians de l'île de Ta-
„probane y achetent et payent les épiceries, et les
„apportent dans leur île.“

„Cinquièmement, les payens Mahométans vien-
„nent s'y rendre du pays d'Aden, y achetent les
„épiceries, en payent les droits, et les transportent
„dans leur pays.“

„Sixièmement, ceux d'Alger les achetent et
„les transportent par mer, et plus loin par terre.“

„Septièmement, les Vénitiens et d'autres peu-
„ples les achetent ensuite.“

„Huitièmement, les Vénitiens les vendent
„aux Allemands et les échangent avec eux.“

„Neuvièmement, on les vend ensuite à Franc-
„fort, à Prague et dans d'autres lieux.“

„Dixièmement, en Angleterre et en France.“

„Onzièmement, ce n'est qu'alors qu'ils passent
„dans les mains des marchands en détail.“

„Douzièmement, c'est des marchands que les
„achetent ceux qui font usage des épiceries; de
„sorte qu'on peut voir par-là les grands droits
„qu'elles payent, et les gains considérables qui doi-
„vent en résulter.“

„De sorte qu'on gagne douze fois sur les épi-
„ceries, dont il faut en outre payer plusieurs fois
„une livre sur dix. Il faut savoir aussi, que dans
„les pays de l'Orient, il y a beaucoup d'années
„de disette; que par conséquent il n'est pas éton-
„nant, qu'on les achete chez nous au poids de l'or.
„Voilà ce qu'en dit maître Bartholomé Florentin.

„qui revint de l'Inde l'an 1424, et qui accompagna
„à Vénise le pape Eugène IV, à qui il conta ce
„qu'il avoit vu et observé pendant un séjour de
„vingt-quatre ans dans l'Orient."

Isle de Taprobane.

„On nous dit beaucoup de choses admirables
„de cette île dans l'Histoire ancienne, de la ma-
„nière dont elle a prêté des secours à Alexandre
„le Grand, et comment ses habitans marchèrent
„vers Rome, et firent une alliance avec les Romains
„et avec l'empereur Pompée. Cette île a quatre
„mille lieues de circuit, et elle est divisée en quatre
„royaumes, dans lesquels il y a une grande quan-
„tité d'or, de poivre, de camphre, de bois d'aloës,
„et beaucoup de sable d'or. Le peuple adore les
„idôles; les hommes y sont grands, robustes et
„bons astronomes."

Isle de Madagascar.

„Les marins des Indes, où Saint Thomas est
„enterré, dans la province de Moabar 1), vont
„ordinairement en vingt jours avec leurs vaisseaux
„jusqu'à l'ile appellée Madagascar; mais lorsqu'ils
„s'en retournent chez eux à Moabar ils peuvent à
„peine arriver en trois mois, à cause du courant
„de la mer qui y est fort rapide vers le Midi.

1) Marc Paul écrit *Maabar*.

„Voilà ce qu'écrit Marc Paul dans son troisième
„livre, chapitre trente - neuvième."

Isle de Zanziber 1).

„Cette île appellée Zanziber a deux milles
„lieues de circonférence; elle a son propre roi,
„son langage particulier, et les insulaires sont ido-
„lâtres. Ils sont extrêmement grands, leur force
„égale celle de quatre hommes de notre pays, et
„un seul mange autant que cinq autres hommes,
„Ils vont tout nu, et sont entièrement, noirs, fort
„laids, avec de grosses et longues oreilles, d'énor-
„mes bouches, des yeux épouvantables et quatre
„fois plus grands que ceux des autres hommes.
„Leurs femmes sont aussi affreuses à voir. Ce
„peuple se nourrit de dattes, de lait, de ris et de
„viandes. Il ne croît pas de vin chez eux; mais
„ils composent néanmoins de bonnes boissons avec
„du ris et du sucre. Ils font un grand commerce
„d'ambre et d'ivoire. Il y a beaucoup d'éléphant
„et grande quantité de baleines, qu'ils prennent
„ainsi que des léopards, des giraffes, des lions et
„plusieurs autres espèces d'animaux, qui diffèren
„extrêmement des nôtres. Voilà ce que dit Mar
„Paul, livre III, chapitre 41."

1) Marc Paul écrit *Zanzibar.*

Isle de Ceilan.

„Dans l'île de Ceilan on trouve beaucoup
„de pierres précieuses et des perles orientales. Le
„roi de cette île possède le plus grand et le plus
„beau rubis qu'on ait jamais vu. Les insulaires
„vont nu, tant hommes que femmes. Il n'y croît
„point de bled, mais du ris. Le roi de cette île
„ne dépend de personne, et adore les idôles.
„L'île de Ceilan a deux mille quatre cens lieues
„de circonférence, ainsi que le dit Marc Paul, dans
„le vingt-deuxième chapitre de son troisième
„livre."

„Il y a quelques années que le grand cham
„de Cathai envoya un message à ce roi de Cei-
„lan, et lui fit demander ce beau rubis, pour le-
„quel il offrit de grands trésors. Mais le roi lui
„fit répondre, que, comme cette pierre avoit long-
„temps appartenue à ses ancêtres, il pensoit, que ce
„seroit mal faire à lui que d'en priver son pays.
„Ce rubis a, dit-on, un pied et demi de long, sur
„un empan de large, sans aucun défaut."

Isle de Java Minor.

„Cette île a deux mille lieues d'Italie de cir-
„conférence, et l'on y compte huit royaumes. Les
„habitans ont leur langue particulière, et sont adon-
„nés au culte des idôles. Il y croît aussi toutes

„sortes d'épiceries. Dans le royaume de Bossman 1)
„il y a beaucoup de licornes, d'éléphans et de
„singes, qui ont la physionomie et la figure hu-
„maine. Item, il n'y croît point de bled, mais on
„y fait cependant du pain avec du ris; et au lieu
„de vin on y boit une liqueur, que les insulaires
„tirent des arbres: il y en a de la rouge et de la
„blanche: c'est une assez bonne boisson pour le
„goût, qu'on trouve en abondance dans le royaume
„de Samara. Dans le royaume de Dageram 2)
„l'usage est, que, quand l'idôle dit qu'une personne
„ne peut se relever de sa maladie, on l'étouffe sur
„le champ, et ses amis font cuire sa chair et la
„mangent ensemble avec grande joie, pour qu'elle
„ne devienne pas, disent-ils, la pâture des vers.
„Dans le royaume de Jambri 3) les habitans, tant
„hommes que femmes, on tpar derrière une queue
„comme les chiens. Il y croît une extraordinaire
„quantité d'épiceries; et il y a toutes sortes d'ani-
„maux, comme des licornes, etc. Dans l'autre
„royaume, appellé Fanfur, il y croît le meilleur
„camphre qu'il y ait au monde et qu'on vend au
„poids de l'or. Il y a de gros arbres, dont on
„tire, entre l'écorce et le bois, une farine servant
„à faire du pain qui est bon à manger. Marc Paul

1) Marc Paul écrit *Basman.*

2) Marc Paul écrit *Dragoian.*

3) Marc Paul écrit *Lambri.*

„„dit, dans le treizième chapitre de son troisième
„„livre, qu'il a passé cinq mois dans cette île.“

Isle de Java Major (m).

„Lorsqu'en sortant du grand pays appellé le
„„Cathai, du royaume de Ciamba, on remonte à
„„quinze cens lieues d'Italie vers l'Orient, on trouve
„„l'île appellée le Grand Java, qui a trois mille
„„lieues d'Italie de circonférence. Le roi de cette
„„île n'est tributaire de personne, et il adore les
„„idôles. On trouve dans cette île toutes sortes
„„d'épiceries, comme poivre, noix muscade, macis,
„„gingembre, galanga, clous de girofle, canelle,
„„et toutes les espèces de racines, qu'on y prend
„„et qu'on transporte ensuite dans tout le monde;
„„ce qui fait qu'il s'y trouve toujours beaucoup de
„„négocians.“

Isle d' Angama 1) (q).

„Dans le vingt-deuxième chapitre du dernier livre
„„de Marc Paul, on trouve écrit, que le peuple de
„„l'île d'Angama a la tête, les yeux et les dents
„„comme les chiens, et que ce sont des hommes très-
„„sauvages et très-cruels; ils préfèrent la chair hu-
„„maine aux autres viandes, et mangent le ris cuit
„„avec du lait au lieu de pain. Ils adorent les
„„idôles; et ont toutes sortes d'épiceries en grande

1) Marc Paul écrit *Anganiam.*

„abondance, ainsi que des fruits qui croissent chez
„eux, et qui doivent différer beaucoup de ceux de
„nos contrées occidentales."

Isle de Cipangu 1) (r).

„L'île de Cipangu est située dans la partie
„orientale du globe. Le peuple du pays est ido-
„lâtre. Le roi de l'île ne dépend de personne.
„L'île produit une quantité extraordinaire d'or;
„et il y a toutes sortes de pierres précieuses et des
„perles orientales. Voilà ce qu'en dit Marc Paul
„de Vénise, dans son troisième livre, chapitre
„deux."

„Marc Paul nous dit, dans son troisième li-
„vre, chapitre quarante-deuxième, que les naviga-
„teurs ont véritablement observé, que dans cette
„mer des Indes il y a plus de douze mille sept
„cens îles qui sont habitées, et dans plusieurs des-
„quelles on trouve des pierres précieuses, des per-
„les fines et des mines d'or; d'autres abondent en
„toutes espèces d'épiceries, et les habitans en sont
„des hommes extraordinaires; mais cela seroit trop
„long à décrire ici."

„Il y a ici dans la mer plusieurs choses mer-
„veilleuses, comme sirènes et autres poissons."

„Si quelqu'un veut s'instruire de ce qui re-
„garde ces peuples singuliers, et ces poissons ex-
„traordinaires de la mer, ainsi que les animaux

1) Marc Paul écrit *Zipangri.*

„terrestres, il doit consulter les livres de Pline,
„d'Isidore, d'Aristote, de Strabon, le *Specula* de
„Vincent de Beauvais, et plusieurs autres au-
„teurs."

„Dans ces livres on trouve la déscription des
„habitans singuliers des îles et de la mer; ainsi
„que de plusieurs autres merveilles, et des ani-
„maux terrestres qui se tiennent dans ces îles; des
„racines et des pierres précieuses, etc."

Isle de Candie.

„Cette île de Candie avec toutes les autres
„îles, tant le petit Java qu'Angama, Neucuran,
„Pentham, Seilan, avec toutes les grandes Indes,
„la terre de Saint Thomas sont si proches du Mi-
„di que l'Etoile Polaire, qui dans nos contrées
„s'appelle le Pôle Arctique, ne s'y apperçoit jamais;
„mais on y voit une autres étcile nommée Ant-
„arctique; ce qui fait que ce pays se trouve ex-
„actement pied contre pied au-dessous du nôtre;
„de sorte que lorsque nous avons le jour, il fait
„nuit chez eux, et que le soleil se couche chez-
„nous quand le jour commence dans ce pays; et
„la moitié des étoiles qui est au-dessous de nous,
„et que nous n'appercevons point, ils les voient;
„ce qui prouve, que le monde, avec toute sa masse
„d'eau, a été fait par Dieu d'une forme ronde,
„ainsi que le dit Jean Mandeville, dans la troi-
„sième partie de ses voyages sur mer."

Isle de Neucuran 1).

„Marc Paul, dans son livre III, chapitre 20,
„dit, que l'île de Neucuran, est située à cent cin-
„quante milles d'Italie de l'île du grand Java; et
„que dans cette île il croît de la muscade, de la
„canelle et des clous de girofle en grande abon-
„dance. On y trouve aussi des forêts entières
„de bois de sandal, et toutes sortes d'aromates.

„Cette île fournit une grande quantité de ru-
„bis, d'émeraudes, de topases, de saphirs, ainsi
„que de perles orientales.“

Isle de Pentan 2).

„Lorsque du royaume de Loach on tire vers
„le Midi, on arrive à l'île de Pentan, qui consi-
„ste en forêts d'arbres odoriférans. La mer autour
„de cette île est si basse qu'elle n'a pas deux toi-
„ses de profondeur. Voilà ce que dit Marc Paul,
„livre III, chapitre 12. La chaleur y oblige les
„habitans d'aller nus.“

„Les peuples de ce royaume et du pays de
„Vaar vont entièrement nus, et ils adorent un
„boeuf.“

1) Marc Paul écrit *Necuram.*

2) Marc Paul écrit *Petan.*

Isle de Coylur 1).

„C'est dans cette île de Coylur que Saint
„Thomas, apôtre, a reçu le martyre."

„Ici l'on a trouvé, du temps de Jean de Man-
„deville, une île dont les habitans avoient des
„têtes de chien; et l'on n'y voit point l'Etoile Po-
„laire, qu'on appelle chez nous le Pôle Arctique.
„Ceux qui y naviguent sur la mer doivent se ser-
„vir de l'astrolabe, à cause que le compas n'y
„marque point."

„Tout ce pays et toute cette mer, avec les
„îles et leurs rois, ont été donnés par les trois
„Saints Rois à l'empereur Prêtre-Jean. Ils ont
„été presque tous chrétiens; mais aujourd'hui on
„ne connoît plus soixante-douze chrétiens parmi
„eux."

„Ceux qui habitent ces îles ont des queues
„comme les animaux, ainsi que le dit Ptolémée
„dans sa onzième table de l'Asie."

„Ces îles sont au nombre de dix, appellées
„Mannilles. Les vaisseaux qui sont garnis de fer
„ne peuvent y naviguer, à cause de la pierre d'ai-
„mant qui s'y trouve."

1) Marc Paul écrit *Coylum*; et chez cet écrivain ce
n'est pas une île, mais un royaume de l'île de Ceylan ou
Seilam. Sur le globe de Behaim, cette île de Coylur
tient à l'Asie en forme de presqu'île.

Le Fleuve du Gange.

„On trouve dans le livre de la Genèse, que
„le pays par lequel passe le Gange est appellé
„Hevilla. Il doit y croître le meilleur or qui soit
„au monde. Dans l'Ecriture-Sainte, au troisième
„livre des Rois, chapitre neuf et dix, il est dit,
„que le roi Salomon envoya ici ses vaisseaux,
„pour y chercher de cet or, ainsi que des perles,
„et des pierres précieuses, qu'il fit apporter d'Ophir
„à Jérusalem. Ce pays de Gulat et d'Ophir, par
„lesquels coule le fleuve de Gange ou de Gion,
„ont appartenus l'un à l'autre."

La Tartarie.

„Marc Paul, dans son livre III, chapitre 47,
„dit, que dans les parties septentrionales, dans les
„montagnes et les déserts, sous le Pôle Arctique,
„il y a un peuple Tartare, appellé Permiani. Ils
„adorent une idôle faite de fourrures, qu'ils appel-
„lent Natigai. L'industrie de ce peuple consiste
„à se rendre pendant l'été vers le Nord sous le
„Pôle Arctique, où ils prennent des hermines,
„des martres zibelines, des loups cerviers, des re-
„nards et d'autres animaux, dont la chair fait leur
„nourriture, et dont les peaux servent à les cou-
„vrir. Pendant l'été ils habitent dans les champs
„à cause de la chasse; et lorsque l'hiver approche

„ils se retirent vers le Midi, du côté de la Russie,
„où ils vivent dans des cavernes sous terre, pour
„se mettre à l'abri du vent froid, appellé Aquil-
„lon; et ils couvrent ces cavernes de peaux d'ani-
„maux. Chez eux il fait fort peu jour pendant
„l'hiver; mais pendant l'été le soleil ne les quitte
„jamais de toute la nuit. Lorsque nous sommes
„au milieu de l'été, il croît chez eux quelque
„peu d'herbes et de racines; mais il n'y vient
„ni bled, ni vin, à cause des fortes gelées."

Islande.

„Dans l'Islande on trouve déjà des hommes
„blancs, et qui sont chrétiens. La coutume de
„ces peuples est de vendre fort cher les chiens,
„tandis qu'ils donnent pour rien aux marchands
„quelques-uns de leurs enfans, pour que les au-
„tres ayent de quoi vivre."

„Item, on trouve en Islande des gens âgés de
„quatre-vingt ans, qui jamais n'ont goûté de pain.
„Il n'y croît point de bled, et au lieu de pain on
„y mange du poisson sec. C'est dans l'île d'Is-
„lande qu'on prend le stokfiche qu'on apporte
„dans notre pays."

Dans la bibliothèque publique de Nuremberg
est un ancien globe terrestre de Jean Schoener,
le premier professeur de mathématiques qu'il y

ait eu au Lycée de Nuremberg, qui le fit, en 1520,
à Bamberg, aux dépens de Jean Seyler, son protecteur, qui l'apporta avec lui quand il vint de-
meurer dans cette ville. Ce globe a trois pieds
de Nuremberg de diamètre.

On y lit pour inscription ces vers latins.

Hic Globus immensum complectens partibus orbem
Atque typum teretis' sinuoso corpore mundi.
Est studio vigili glomeratus certe duorum ,
Unius impensis : tribuit nam cuncta Joannes
Seyler ad illius quae commoda censuit usus.
Alter Joannes Schoener multa catus arte
In Spiram hanc molem compegit arte rotundam,
Et supper impressis signavit ubique figuris,
Quando salutiferi partus numeravimus annos
Mille et quingentos et quatuor addita lustra.

1 5 2 0.

Un an après que Martin Behaim eut fait son
globe, Antoine Koburger fit graver en bois des
cartes géographiques pour la chronique de Hartmann Schedel.

Dans la bibliothèque d'Ebner, comme j'ai dit
auparavant, il y a une mappemonde de tout le
globe, dessinée, en 1529, sur vélin, par Diego,
Ribera, géographe du roi d'Espagne, avec l'expli-
cation en espagnol. Il y a marqué d'une manière
fort distincte les limites du nouveau monde,
d'après la démarcation du pape Alexandre VI. On

peut aussi se servir pour l'intelligence de cette mappemonde de l'ouvrage intitulé: SIM. GRI-NAEI, *Novus Orbis regionum ac insularum, veteribus incognitarum*, imprimé in-folio, à Bàle, en 1532.

Notes Historiques

Sur la famille et la vie de Martin Behaim, d'après des pièces justificatives; avec quelques remarques critiques.

———

MARTIN II Behaim reçut le jour à Nuremberg, probablement peu de temps après l'année 1430. Son père, qui s'appelloit aussi Martin I, étoit conseiller de cette ville, où il mourut en 1474, et a été enterré dans l'église des Dominicains 1). Sa mère s'appelloit Agnès Schopper de Schoppershof. Martin Behaim eut une soeur et quatre frères, dont le plus jeune, appellé Wolf

———

1) Biedermann dans ses *Tables Généalogiques des Patrices de Nuremberg*, *Tab. V*, (imprimées en Allemand à Bareuth, en 1748, *in folio*), se trompe en disant qu'il étoit né en 1437; puisqu'en 1455 son fils écrivoit déjà des lettres, ainsi que nous le verrons bientôt. Martin I. Behaim mourut en 1474, le jour de Saint Laurent. Biedermann a été également dans l'erreur sur la naissance de Léonard Behaim, qu'il place en 1433. Il faut qu'il ait reçu le jour, ainsi que son frère Martin I, au moins avant l'an 1417.

oit Wolfrath Behaim, remporta le prix à un tour-
nois qui se tint à Nuremberg en 1503; et qui ensuite alla joindre son frère à Lisbonne, où il mourut en 1507, et a été enterré au milieu de l'église
de Notre-Dame de la Conception, comme il est
prouvé par une lettre du mois de Mars 1519. 1).
Le frère de son père, nommé Léonard Behaim,
conseiller de la ville de Nuremberg, y mourut en
1486. C'est avec cet oncle que notre Martin Behaim a tenu pendant vingt-quatre ans une correspondance de lettres 2). Le fils de Léonard Behaim, appellé Michel Behaim, né en 1459, mourut
sénateur de la ville de Nuremberg en 1511. Voy.
No. III et V des Pièces justificatives. Wolf Behaim, le frère de notre Chevalier Martin, entretint
avec lui un commerce de lettres depuis 1491 jusque 1507 de Lyon, de Genève et de Lisbonne.
C'est chez lui que demeura Martin Behaim lorsqu'il se trouva à Nuremberg en 1491 et 1492.

Si quelques écrivains prétendent, que la famille
de Martin Behaim étoit de Krumlau en Bohême 3),
il faut l'attribuer à ce que ses arrières aïeux étoient
véritablement de Bohême, savoir, du cercle de
Pilsner; ou peut-être parceque dans sa jeunesse il

1) Voy. les Pièces justificatives, au N° VII.

2) Voy. N° I et IV.

3) Christoph. Cellarius, *Hist. Medii aevi*, p. 213, *Ge-
ogr. novae*, p. 460. edit. 1698.

s'étoit arrêté quelque temps dans ce pays pour des affaires de commerce.

On prétend, que Philippe Beroalde l'ancien et Regiomontanus ont été les maîtres de Martin Behaim 1); mais il seroit difficile de prouver, que notre Martin Behaim ait été le disciple de Regiomontanus, (dont le vrai nom étoit Jean Muller) qui ne se rendit à Nuremberg qu'après l'année 1471, et qui, en 1475, alla à Rome, où il mourut l'année suivante.

Cela peut encore moins être vrai relativement à Beroalde, né en 1453, et mort en 1505, qui ne quitta jamais l'Italie, si ce n'est pendant un court voyage qu'il fit à Paris 2). Et il seroit toujours invraisemblable, et simplement fondé sur des conjectures hasardées, que Beroalde ait été le maître de notre Behaim, quand même on pourroit prouver que celui-ci ait passé à Venise en 1457, et qu'il soit resté en Italie jusqu'en 1476, ainsi qu'il en avoit formé le projet. J'ai découvert par sa correspondance avec son oncle Léonard Behaim, depuis 1455 jusqu'en 1479, ce qu'on avoit ignoré jusqu'ici; savoir, qu'il s'étoit adonné au commerce, ainsi que cela étoit assez commun parmi la no-

1) Voyez Olfert Dapper, Beschryving van Amerika, Amsterdam 1673, folio, où Martin Behaim est dit disciple de Monteregius ou Konigsberger.

2) Gli Scrittori d' Italia, del conte Giammaria Mazzuchelli, Vol. II. Part. II. Brescia 1760, folio, p. 1005.

blesse de ce temps-là.´. Depuis la dernière 'de ses
lettres, datée d'Antorf (Anvers), dans les Pays-Bas,
le 8 Juin 1479 1), on ne trouve plus rien de lui.
Il faut qu'il se soit déjà rendu, en 1481, en Portugal, où régnoit alors Alphonse V.

Avant d'aller plus loin, je dois détruire le
conte qu'on a voulu accréditer dans les dictionnai-
res allemands 2), que c'est Martin Behaim, qui,
en 1460, a découvert sous Isabelle, veuve du duc
Philippe III de Bourgogne 3), l'île de Fayal, et
qu'il l'a peuplée d'une colonie en 1466. Ces faits
doivent plutôt être attribués au chevalier Job de
Huerter, seigneur de Moerkercken, et beau-père
de notre Behaim, ainsi qu'il le dit lui-même clairement sur son globe terrestre 4). Ce ne fut qu'
en 1467 qu'Isabelle se trouva veuve; et son fils,
Charles le Hardi, âgé alors de trente-quatre ans,
prit les rènes du gouvernement immédiatement

1) Voy. les Pièces justif. N° I. Il signa ces lettres avec
ce cachet.

2) *Nærnbergisches Gelehrten Lexicon und Münzbelusti-*
gungen, et Adelung Additions au Dict. de Jöcher.

3) C'est à tort que, dans un récit de Wuelfer, (*De ma-*
joribus Oceani Insulis, p. 101,) elle est appellée soeur de Jean
II; puisqu'elle étoit soeur du roi Edouard, son grand père.

4) Voyez la planche.

après la mort de son père 1). Comment se pour-
roit-il donc qu'Isabelle eût fait, comme reine ré-
gente, équiper un vaisseau par Martin Behaim,
qui, en 1479, faisoit encore le commerce de toile,
comme il paroît par sa lettre du 8 Juin, citée plus
haut?

Ce sont sans contredit les Normands qui les
premiers passèrent aux Açores, dans le neuvième
siècle; et suivant le présidant de Thou 2), ce fut
Jean de Betancourt qui le premier découvrit ces
îles, auxquelles on donna les noms d'îles Tercères,
d'îles Flamandes, et d'îles aux Autours. (Ilhas dos
Açores.) Mais il fut plutôt le premier feudataire
de Henri III, roi de Castille, pour les îles de
Canarie 3).

1). Voyez *Allgemeine Geschichte der Vereinigten Nieder-
lande*, II *Theil*, 13 B. pag. 177.

2) L. I. Historiar. T. I, p. 25. edit. Francof. gr. in - 8.
T. I, (à la Haye, 1733 gr. in-4°) page 21 de la traduction
de *Prevôt d'Exiles*: *De l'aveu même des Espagnols, un de
nos Flamans, nommé Betancour, découvrit, 68 ans avant le
Voyage de Colomb, les Iles qu'on apelle aujourd'hui les A-
çores, à cause du grand nombre d'Oiseaux de ce nom, dont
elles sont remplies, et s'en étant emparé, il les vendit aux
Espagnols. Ce fut lui qui répandit après son retour les premières connoissances qu'on ait eues en Europe du Continent
qui s'étend à l'Occident de ces Iles.*

3) Barros, *Decadas III, primeiras de Asia*; L. I, cap.
XII. Juan Nunnez de la Penna, *conquista y Antiguedades
de las Islas de Gran Canaria, Madrid 1676. 4°. Glas's, Hi-*

Les Portugais découvrirent en 1418 Porto Santo, et en 1420 Madère 1), les deux îles appellées Fortunées.

En 1433 ils doublèrent le Càp de Bossadbr ou Bojador 2), en Afrique, qu'on avoit regardé jusqu'alors comme le *non plus ultra* de la navigation. Les îles Açores furent découvertes dans l'ordre suivant:

story of the Canarian Islands, chap. I. D. Josef Viera y Clavijo., *Noticias de la Historia General de las Islas de Canaria. En Madrid 1762; 4°. vol. I. pag. 268.*

1) Eman. Constantini, *ex urbe Funchal, Historia Insulae Materiae, seu Madera. Romae 1599, 4°. Historical Relation, of the first Discovery, of the Isle of Madera, translated from the Portuguese, of* Francisco Alcafarano, *London 1675; 4°. page 15.* Dans le second volume de *l'Histoire et Mémoires de l'Académie Royale des Sciences, pour l'année 1772. (Paris 1776, 4.)* on trouve le voyage de M. Bory à Madère, où l'on compta en 1768 environ 64000 habitans. Raynal *Hist. philos. et polit. des établiss. des Européens dans les deux Indes, T. I, p. 47.* de l'édit. de 1780.

2) Selon l'opinion du citoyen *Gosselin*, les Anciens avoient seulement notice du Cap de Nun (Noti cornu de *Hannon*) dans la côte occidentale d'Afrique. Ils ne sont pas venu jusque au Cap Bojador; et sur la côte orientale ils sont navigué jusque au Cap Prasum (Cap de Brava) 1° de la latitude boréale. *Recherches sur la géographie systématique et positive des anciens; pour servir de base à l'histoire de la géographie ancienne, par* P. F. J. Gosselin, *de l'institut national. Vol. II. à Paris, 1798. et in - 4to.*

Sainte-Marie, le 15 Août 1432, par Gonsale
Velho Cabral. Ce fut le premier port dans lequel
entra Colomb, le 18 Février 1493, lorsqu'il fut
assailli par une tempête à son retour d'Amérique.

Saint-Michel, que Cabral découvrit aussi, le
8 Mai 1444.

Tercère entre les années 1444 et 1450.

Saint-George et la Gracieuse en 1450 et 1451.

On ne peut pas fixer avec certitude la découverte des îles de Flores et Corvo; mais on sait
cependant qu'elles étoient déjà connues en 1449.

Pico et Fayal furent découvertes par des marins de Saint-George et de la Gracieuse. La première colonie qui peupla ces deux îles, étoit com-
posée de Flamands, qui furent conduits en 1466
dans l'île de Pico, par Job de Huerter, dont la
fille, Jeanne de Macedo, épousa Martin Behaim.
Voyez les pages 332 et 339 du premier volume
de ce Recueil.

Barros 1), le principal historien de la navigation portugaise, que n'a connu ni Stuvenius 2),
ni Tozen 3), son critique, dit, en parlant du pro-

1) Decada, I, Lib. II, cap. I.

2) Joh. Frid. Stuvenii de vera novi orbis inventore, dis-
sertatio historico-critica. Francof. ad Moenum 1714, 8°.

3) Christophe Colomb, le premier qui ait véritablement
découvert le Nouveau Monde, défendu contre les prétentions
non-fondées de ceux qui veulent attribuer cet honneur à Amé

priétaire des îles Açores: „On trouve dans les ar-
„chives diplomatiques, qu'en 1449 le roi Alphonse
„V, accorda à l'infant Don Henri (mort 1463) la
„permission d'envoyer des colonies dans les sept
„îles des 'Autours, qu'on avoit déjà découvertes
„alors. On y avoit aussi déjà transporté, sur l'or-
„dre qu'en avoit donné le même infant, quelque
„gros et menu bétail sur la flotte de l'amiral Gonl-
„zale Velho. En 1457, le roi concéda à son frère
„Ferdinand toutes les îles qu'on avoit découvertes
„jusqu'alors, avec leur haute et basse justice; mais
„avec quelques restrictions cependant. En 1460,
„l'infant Don Henri céda à son neveu Don Ferdi-
„nand, qu'il avoit adopté pour son fils, les îles de
„Jésus et de la Gracieuse, et ne retint pour lui
„que ce qui appartenoit à l'ordre du Christ, dont
„il étoit le protecteur. Le roi ratifia cette cession
„à Lisbonne le deux Septembre de la même année.“

Antoine Herrera donne, dans sa description des
îles Açores, publiée en 1582 et 1583, page 161,
un récit de leur découverte; mais il n'y fait aucune mention de Martin Behaim.

Dans une ancienne carte hollandoise de Juste
Dankerts, cette île de Fayal est placée exactement
aux-dessous de l'île de Flores. Elle doit son nom
de Fayal au grand nombre de hêtres, qu'on y a
trouvés.

ric Vespuce et à Martin Behaim, par L. Toxen, (en allemand), à Gottingen 1761, 8°.

On préfère, en général, les étrangers pour
faire de pareilles découvertes. „C'est ainsi, dit
„Barros 1), qu'Antoine de Nolle, un compatriote
„de Christophe Colombe, découvrit l'île de Saint-
„Jacques, près le Cap Verd, au gouvernement de
„laquelle ses successeurs ont eu part; et un cer-
„tain Jean-Baptiste, François de nation, posséda
„l'île de Mayo, et Job Dutra, (c'est ainsi que les
„Portugais écrivent le nom de Huerter,) le beau-
„père de Martin Behaim, eut en possession une
„autre île, appellée Fayal." Voilà pourquoi on
a peint sur le globe de Behaim, près de cette île,
des pavillons avec les armes de la ville de Nuremberg et celles de la famille de Behaim.

Dans la vie de l'infant Don Henri 2), on
trouve, depuis la page 318 jusqu'à la page 338,
une description fort détaillée de la découverte et
de la population des îles Açores, dans laquelle il
n'est cependant fait aucune mention que Martin
Behaim y ait eu la moindre part. A la page 335,

1) *As Decadas III primeiras de Asia*, de João de Barros. *Em Lisboa*, 1628, *folio*. *Assi como Antonio de Nolle
seu Natural tinha descaberta a Ilha de Santiago, de que seus
successores tinhano parte da capitania; et hum Joano Baptista,
Frances de Naçaon, tinha a Ilha de Mayo, et* Jos DUTRA
FRAGMENGO OUTRA DO FAYAL. *Decada primeira, L. III,
cap. XI. fol. 56. b. Em Lisboa 1628, fol.*

2) *Vida do Infante D. Henrique, per* Candido Lusitano;
(le père Josophe Freire, de la congregation des Oratoriens).
Em Lisboa 1758, 4°, p. 318 — 338.

le donataire actuel d'alors de l'île de Fayal, est appellé *Jorge de Utra Flamengo*; e de illustre ascendencia; et l'on y ajoute, que ce fut lui qui le premier forma cette colonie, dont l'infant lui céda la propriété 1).

»Suivant les plus nouvelles descriptions 2) que nous ayons de l'île de Fayal, sa population actuelle se monte à quinze mille ames, en douze paroisses, dont le tiers appartiennent à la ville de Horta, située sur la côte occidentale, avec un bon port. Les habitans passent pour des gens honnêtes, sages, laborieux, et sont mieux vêtus que ceux de l'île de Madère. On y cultive du froment, du maïs et du bon lin, qui est fort long.

Il se pourroit, que le nom de *Horta* que porte cette ville de l'île de Fayal, vienne originairement de Huerter, qui y conduisit la première colonie, sans que cela détruise néanmoins l'idée de la *ville aux jardins*. Linschoten 3) dit, que, de son temps, la langue flamande étoit absolument ignorée des insulaires de cette île, et qu'ils ne parloient que

1) — o qual lançava então as primeiras linhas à provação, que lhe coutem por mercê do Infante.

2) Dans le second volume du *Voyage du capitaine Cook autour du monde*, en 1772, jusqu'en 1775, par Forster, page 580 suiv.

3) Linschoten, *Navigat. cap.* 97. *page* 118. *Jan Haigen van Linschot* Schipvaert naer Ost ofte Portugals Indien. Amst. 1569. fol. fig.

le portugais; mais que cependant ils aimoient à voir les habitans des Pays-Bas, qu'ils regardoient comme les compatriotes de leurs ancêtres.

Comme Christophe Colomb demeura en Portugal depuis 1471 jusqu'en 1484, et qu'il paroît fort probable, qu'il a connu notre Martin Behaim 1), je crois devoir indiquer exactement les sources où l'on a puisé l'idée que ce dernier a eu part à la découverte de l'Amérique, et même à celle du Détroit de Magellan.

Christophe Colomb, de Terra Rossa, avoit épousé, en 1471, à Lisbonne, la fille d'un capitaine de vaisseau portugais, appellé Barthelemi Perestrello, que le prince Henri de Portugal avoit employé pour sa première expédition aux Indes 2). Cette demoiselle se nommoit Philippine Moniz Perestrella. Colomb, qui, par ce moyen, eut en possession les cartes nautiques et les journaux de

1) C'est peut-être de Martin Behaim, que Colomb apprit, que la mer jetta un jour sur la côte d'une des îles Açores, deux corps morts avec de fort larges faces. Voy. aussi *Joh. Phil. Caselii Programmata. II.* de navigationibus fortuitis in Americam ante Columbum factis. Magdeb. 1741. 42. 4.

2) Barros, (*Decad. I. L. I. cap. 2*) dit, que ce Perestrello fut d'abord gentil-homme à la cour de son frère, l'infant don Juan, et que peu de tems avant l'an de 1430, Dom Henri lui confia un vaisseau, avec du monde, pour former une colonie dans l'île de Porto-Santo.

son beau-père 1), partit pour l'Afrique, et conclut,
de plusieurs causes, qu'en tirant toujours directement vers l'ouest à travers l'océan. Atlantique,
on parviendroit à découvrir de nouvelles terres.
Il exposa, en 1482, son projet au sénat de Gênes,
sa patrie 2), qui ne l'écouta point. Il s'adressa
ensuite, en 1483, à Juan second, roi de Portugal,
qui, à ce qu'il crut, devoit mieux le connoître;
mais cette démarche fut de même infructueuse, à
cause que le projet de Colomb étoit uniquement
fondé, à ce qu'on prétendoit, sur les rêveries de
Marc-Paul, touchant l'île de Cipango, c'est-à-dire,
le Japon 3).

1) C'est de-là, qu'est venu le conte que Juan Sanchez
de Huelva, capitaine de vaisseau, que le vent d'Est avoit
chassé vers un pays totalement inconnu, étoit mort chez
Christophe Colomb, et lui avoit laissé le journal et les cartes nautiques de son voyage. Gomera est le premier qui
cite cela comme un fait (*Historia de las Indias*, Part. 1,
fol. 10, a). Oviedo (*Hist. General de las Indias, Salamanca,
1545. fol. L. II, cap. II, fol. 3, a*), assure que ce n'est
qu'un conte fait à plaisir, que Benzon et Rodrigo Caro dans
ses Antiguedades de Sevilla (1634. fol.) ont copié; tandis que
Stuvenius (*De vera novi orbis inventore, cap. VI, §. 5, 6,
page 46*), a poussé la chose jusqu'à vouloir, que ce navigateur étoit notre Martin Behaim; qui cependant a vécu encore deux mois après Colombe.

2) Herrera, *Hist. de las Indias Occidentales Decad. I,
L. I, cap. 7*; et M. Robertson, *Histoire de l'Amérique*. Voyez
aussi les Pièces justificatives, N°. XI.

3) *As Decadas III, primeiras de Asia, etc. Dec. 1. L.
III. cap. XI.* Stuvenius se trompe en disant, *cap. VI. §. 2.*

On trouve dans Vasconcellos 1) les raisons qui détournèrent Diego Ortiz, évêque de Ceuta, ainsi que les Cosmographes Roderigue et Josephe de prêter l'oreille aux propositions de Colomb, dont le refus étoit principalement fondé sur l'igno· rance absolue où l'on étoit en Portugal sur les terres inconnues alors de la partie occidentale du globe 2).

Cette circonstance semble prouver, que Martin Behaim, qui, dans ce temps-là, se trouvoit à Lisbonne, et qui étoit particulièrement connu de Roderigue et de Josephe, ainsi que de Colomb même, n'avoit alors aucune idée de la découverte d'un nouveau monde; car sans cela il auroit sans doute appuyé le projet de ce dernier,

pag. 46, qu'il avoit offert ses services pour la découverte de l'Amérique à Alphonse V.

1) Vasconcellos, *Vida del Re don Juan el segundo de Portugal. En Madrid 1639, 4, lib. IV.*

2) Colomb étoit déjà en correspondance épistolaire avec Paul Tascanelli, Médecin de Florence, né en 1397, (Il étoit élève de Philippe Brunelleschi), sur la découverte des pays inconnues de la partie Occidentale du globe, en 1474. Paul pensoit, que les premières terres qu'on devoit découvrir, seroient la Cathai ou la Chine, et l'empire du grand Cham. Voyez Herrera, *Decad. I, L. I, cap. II,* pag. 3, 4; et c'est aussi exactement de cette manière que cela est marqué sur le globe terrestre de Behaim; où le Cathai se trouve situé vis-à-vis des iles Açores. Voyez la partie du Globe à la fin de cet ouvrage.

Ce grand homme quitta avec indignation les
Portugais, et débarqua, en 1484, en Espagne. Il
fit partir dans le même temps son frère Barthelemi
pour l'Angleterre, vers le roi Henri VII. Au bout
de sept ans, Colomb voulut aussi quitter l'Espagne, où il éprouvoit sans cesse de nouvelles dif-
ficultés, pour aller en Angleterre joindre son frère,
dont il n'avoit pas entendu parler depuis tout ce
temps. Celui - ci avoit été pillé par des corsaires,
et tenu, pendant quelques années, en prison avant
que d'arriver à Londres.

L'éditeur anglois des voyages de Hakluyt cite
les vers suivans qui étoient écrits sur la carte du
globe terrestre dont Barthélemi Colomb fit présent
au roi d'Angleterre, Henri VII, le 13 Février 1488.

Janua cui Patria est, nomen cui Bartholomaeus 1)
Columbus de Terra rubra, opus edidit illud
Londoniis, anno domini 1480 atque insuper anno
Octavo, decimaque die cum tertia mensis
Februarii. Laudes Christo cantentur abunde.

1) Barthelemi Colomb, qui étoit bon géographe et qui
connoissoit parfaitement la navigation, se trouvoit encore
absent, lorsque son frère revint d'Amérique. Colomb ne le
revit qu'au bout de treize ans. D'Angleterre il s'étoit rendu
à Paris, où ce fut de la bouche de Charles VIII, qu'il apprit la première nouvelle de la découverte du Nouveau
Monde par son frère, qui, avant d'entreprendre son second
voyage, avoit laissé une lettre cachetée pour lui. Ferdinand lui donna trois vaisseaux. Les deux frères se retrou-

Cependant le ciel avoit arrêté, que ce seroit l'Espagne qui retireroit le fruit de la patience et des études de Colomb. Don Juan Perez de Marchena, prieur du couvent des Franciscains de Rabida, près de Palos, où Colomb avoit fait élever ses enfans, le sollicita de différer de quelques jours fon voyage. Il eut même la hardiesse d'écrire à la reine qui, dans ce temps-là, se trouvoit à Santa-Fé. Donna Isabelle fit dire à Perez de parler à Colomb. Après plusieurs longs délais, on fit enfin la conquête de la ville de Grenade. Alonzo de Quintanilla, contrôleur des finances de la Castille, et Louis de Santangel, receveur des revenus ecclésiastiques, en Arragon, firent de si vives sollicitations, que l'infante Isabelle se laissa persuader de rappeller Colomb qui se trouvoit déjà à quelques lieues en mer. Il arriva le 17 Avril 1492, et l'on signa un traité. Les frais de l'expédition montèrent seulement à environ quatre-vingt-dix milles livres de France; et l'on donna trois mauvais vaisseaux à Colomb, avec lesquels il mit à la voile de Palos le 3 Août 1492, et qu'il ramena heureusement le 11 de Mars 1493, en Espagne, après avoir fait la découverte du nouveau monde 1).

vèrent dans le port d'Isabelle, en 1494. Colomb nomma son frère Adelantade, c'est-à-dire, lieutenant-général de toute l'Inde. Barthelemi mourut à Hispaniola, en 1514.

1) Epistola *Christophori Colom* (cui etas nostra multum debet) de Insulis in mari Indico nuper inventis, ad quas

Les journaux originaux de Colomb, de Pinzon, d'Ojeda, d'Ovando, de Balboa de Ponce de
Léon, d'Hernandez de Cordoue; de Cortez, etc.;
se trouvent tous dans le cabinet des archives de
la couronne, à Simancas, à deux lieues de Valladolid. Les chartres et les diplomes des affaires de
l'Amérique qui, sur l'ordre de Philippe II, y furent déposés, occupent la plus grande chambre, et
forment huit cens soixante-treize gros paquets,
que M. Robertson a vainement cherché à consulter. Il est néanmoins à présumer, que Herrera et
Solis en auront fait, dans le temps, le dépouille-
ment convenable. Mais il seroit à souhaiter, qu'on
pût parvenir à faire des recherches dans les archives de la couronne de Portugal, à Torre do Tom-
bo. On y trouveroit certainement des renseignemens manuscrits sur Huerter de Murkirchen, ou
Moerkercken, sur Martin Behaim, et sur ses fils;

perquirendaq octavo antea mense, auspiciis et ere invictissi-
mi *Ferdinandi*, Hispaniarum Regis, missus fuerat, ad Magni-
ficum Dominum *Raphaelem Sanxis*, ejusdem Serenissimi
Regis Thesaurarium missa, quam nobilis ac litteratus Vir
Aliander de Casco ab hispano ideomate in latinum convertit,
tertio Calendas Maii MCCCCXCIII. Pontificatus Alexan-
dri Sexti Anno primo. Cette Lettre imprimée à Rome in-
4to est insérée dans l'ouvrage *Novus Orbis* etc. Basil. 1532.
fol. et Roterodami, 1616. 8. On imprima déjà à Strasbourg
en 1497. in-4° en Allemand: *Eyn schön hübsch Lesen von
etlichen Inselen, die do in kurzen Zyten funden sind durch den
König von Hispania.* 1497. 4. av. fig. L'original espagnol
fut imprimé en 1493.

Don Alexandre de Sousa, officier des Gardes du Corps du roi de Sardaigne, m'écrivit le 4 Dec. 1779 de Turin: *Je ne manquerai point d'écrire à Lisbonne pour voir, s'il est possible de Vous procurer les éclaircissemens que Vous souhaitez à l'égard du Chevalier Martin Behaim; mais je crains bien de n'en pouvoir venir à bout, les Archives de cette Capitale ayant été incendiés plus d'une fois depuis 1485, outre le dérangement qu'ils ont souffert pendant le règne des trois Philippes d'Espagne.*

Notre navigateur doit déjà avoir possédé des connoissances mathématiques et nautiques, avant de passer en Portugal, en 1480; mais il n'est pas nécessaire pour cela de prétendre, qu'il fût le disciple de Regiomontanus ou de Beroalde.

Cependant il est certain que, comme bon cosmographe, il a eu quelque part à la découverte de l'usage de l'astrolabe pour la navigation.

Ut minore cum errandi periculo ignotum mare navigari posset, Roderico et Josepho, Medicis suis, nec non Martino Bohemo, ea aetate peritissimis mathematicis injunxit, Joannes II, ut adhibito inter se consilio, excogitarent aliquid, quo nautae cursum navium, licet in nostro novoque pelago, tutius dirigerent, ut vel abstracti a notis sideribus, cognitisque litoribus, quam caeli ac pelagi partem tenerent, aliquo modo cognoscerent: ii post indefessum studium, longamque meditationem astrolabium, instrumentum, quod ante astronomiae tantum inserviebat, utiliori invento ad navigandi artem, maximo navigantium commodo, transtulere; quod beneficium tota Europa Joanni *debere, inficiari non potest.* Emman. Tellesius Sylvius 1) Marchio Alegretensis, *de rebus gestis Joannis* II, *Lusitanorum Regis (Hagae Com.* 1712. 4.) *p.* 99. Gebauer, *Histoire de Portugal, page* 123 (c). Lequien de la Neufville *Histoire générale de Portugal;* à Paris, 1700. 4. T. I, p. 474.

Cela est confirmé par Pierre Matthieu 2), et par le savant Jésuite Maffei, dans son histoire des Indes 3). Le premier dit:

Primae navigationes christianae ad novas insulas claruerunt sub strenuae fortitudinis duce, Christophoro Columbo, *sed jam elucescere coeperunt sub* Henrico, Johannis I, *Lusitaniae Regis, filio, etc. Illo mortuo* Alphonsus V *coepta prosequutus est, Alphonsum Johannes imitatus, hoc laudabili Tropaeo, immensisque laboribus, quae bonis avibus auspicati fuerunt, exsequitur, invento instrumento Astrolabii, illudque, quod antea ad colligendos stellarum motus dumtaxat Astronomi adhibere convenerant, prae-*

1) C'est le seul écrivain Portugais qui fasse mention de Martin Behaim.

2) Petrus Matthei, *in Notis ad Jus Canonicum, ad VII; Decretal. L. Tit. IX, de Insulis novi orbis, pag.* 80, *edit. Francof.* 1590, *fol.*

3) Joh. Petri Maffei, S. J. (*Mort en* 1603), *Historiarum Indicarum, Lib. I, pag.* 51, *edit. Venetae, in-*4°, *apud Damianum Zenarium,* 1589.

duro sane invento ad usum rei maritimae opera peri-
tissimorum Mathematicorum Rotheri et Josephi, et
Martini Bohemi, ad cursum navium in pelago, quam-
bis ignoto, regendum; ut vel abductus a conspectu fa-
miliarium sibi siderum nauta, quam tamen caeli pla-
gam, quam remota ab orbe nostro loco teneret, aliqua
posset ratione conjicere, tantum utilitatis et emolumenti
cum laude attulit haec iterata expeditio, ut brevi tem-
pore nihil celebrius per totum orbem audiretur, ipso
Lusitaniae nomine.

Voici le passage de Maffei:

Deinde ad ulteriora requirenda probatae virtutis
fideique homines familiares suos dimisit Johannes II,
atque id quo libentius facerent, ac minore cùm erroris
periculo sese vastum in Oceanum darent, peritissimis
eâ tempestate mathematicis Roderico et Josepho, me-
dicis suis, itemque Martino Boemo, qui se Joan-
nes Monteregii alumnum ferebat, negotium dedit, ali-
quid communi consilio excogitarent ad cursum navium
in pelago quamvis ignoto regendum: ut vel abductus a
conspectu familiarium sibi siderum nauta, quam tamen
caeli plagam, quàm remota ab orbe nostro loca teneret,
aliqua posset ratione conjicere. Ii, quam acerrimo stu-
dio re diu multumque agitata, astrolabium denique in-
strumentum, quod antea ad colligendos stellarum motus
dumtaxat astronomi adhibere consueverant, praeclaro
sane invento ad usum rei maritimae transtulerunt; ac
pari sollertia declinationum tabulas confecere, quibus
hodie naucleri ad explorandam locorum (quemadmodum

Cosmographi appellant) latitudinem utuntur: ut non parum hoc etiam nomine tota Europa Lusitaniae debeat, etc. etc.

S'il étoit démontré, que notre Behaim eût eu pour maître le célèbre Regiomontanus, qui demeura à Nuremberg depuis l'année 1471 jusqu'en 1475, on pourroit alors soupçonner, que c'est de lui qu'il avoit appris l'usage de son météoroscope, ou de l'instrument propre à mesurer les longitudes et les latitudes, par le moyen des étoiles 1), qu'il crut avoir inventé, d'après l'idée d'un passage de Ptolemée (*Geograp. Lib. I. Cap.* 3), ainsi qu'il le dit dans une lettre au cardinal Bessarion. Regiomontanus a aussi écrit un traité sur l'astrolabe armillaire, qui se trouve dans l'édition de ses oeuvres faite à Nuremberg, en 1554 2). Quoi qu'il en soit, il est à croire,

---

1) Joannis de Regimonte, *Epistola ad reverendiss. patrem et dom. Bessarionem, cardinalem Nicenum ac Constantinopolitanum, de compositione et usu cujusdam Meteoroscopii.* Cette lettre se trouve à la suite des Oeuvres de Werner, imprimés in-folio à Nuremberg, en 1514. Ces oeuvres furent réimprimées in-4°. en 1537. Werner a écrit lui-même, cinq livres sur différens météoroscopes qu'il a inventés, dont le manuscrit tomba, après la mort de Werner, entre les mains de George Hartmann, qui, en 1542, en fit présent au célèbre mathématicien, George Joachim, surnommé *Rheticus.*

2) M. Joh. Regiomontanus, *Scripta de torqueto, astrolabio armillari, regula magna Ptolemaica baculoque astronomico, et observationibus cometarum.*

que Behaim étoit parvenu à perfectionner l'usage de l'astrolabe marin, ainsi que l'a observé depuis peu M. Wales 1), qui le regarde comme un disciple de Regiomontanus. Cet écrivain a cependant mieux connu le chevalier Behaim que ne l'a fait M. Robertson.

Autant il paroît vrai, que Martin Behaim a eu part à l'usage de l'astrolabe appliqué à la navigation, autant est faux le conte fondé sur un passage mal interprêté de la chronique de Schedel, que c'est Behaim qui a fait la découverte des îles Açores ou des Autours, et qui y a conduit une colonie de Flamands, lors de son second voyage dans l'océan Atlantique, jusqu'à ces îles, qui, dans la suite, furent visitées par Christophe Colomb, qui les fit connoître; qu'il a même été jusqu'au détroit, connu aujourd'hui sous le nom de Détroit de Magellan; et qu'il a donné lieu à cette découverte par une carte marine que Magellan doit avoir vu dans le cabinet du roi de Portugal.

Ce fait supposé a été principalement accrédité par Wagenseil dans son *Sacris Parentalibus B.* GEORGIO FRID. Behaimo *dicatis. Altdorfii,* 1682. *fol.* pag. 16, 17; mais sur-tout dans sa *Pera librorum ju-*

1) *The original Astronomical Observations, made in a course of a Voyage towards the South pole and round the world, in his majesty's, ships the Resolution and the Adventurer* 1772 — 1775, *by* William Wales, *F. R. S. and* William Bayly, *London* 1777, *in-4°.*

venilium. *Synops, Historiae universalis Part. III, pag.*
527. *Norib.* 1695. 8°.

"Christophorus Colombus, *ex Palestrella, stirpe*
„*Placentina, oriundus, et postea Liguriae incola, cum*
„*prius in Madera insula, ubi conficiendis ac delinean-*
„*dis chartis geographicis vacabat, sive suopte ingenio,*
„*ut erat vir astronomiae, cosmographiae et physices*
„*gnarus, sive indicio habito a* Martino Bohemo, *aut,*
„*ut Hispani dictitant, ab* Alphonso Sanchez de Hel-
„*va, nauclero, qui forte inciderat in insulam, postea*
„*Dominicam dictam, cogitavit de navigatione in Indiam*
„*occidentalem.* "

Mutuatus sum verba hactenus allegata ex praeclaro
opere Joannis - Baptistae Riccioli, *quod geographiam*
et hydrographiam reformatam *ille inscripsit, et ejus*
quidem fol. 93. b. 1). *Atque hic commodum occasio*
mihi offertur, docendi rem pulcherrimam et hactenus
ignoratam, quae non tantum ad patriae meae, Nori-
bergae, civitatis primariae, sed et universae Germaniae
laudem vehementer pertinet, quamque porro nescire tur-
pe foret. Nimirum, *ille* Martinus Bohemus, *de quo*
credidit Ricciolus, *fieri potuisse, ut is ansam dederit*
Columbo *felicis illius, qua Novi Orbis insulas detexit,*
expeditionis suscipiendae, Noribergensis fuit, *antiqua*
ibi et nobilissima, Behaimorum, quod Bohemorum alii
enunciarunt, et etiamnum enunciant, familia, cujus
ramus nuper Baronatus dignitate auctus est, patre Martino, *matre* Agnete Sebaldi Schopperi *filia, genitus*

1) *Lib. III, cap.* 22, *Bonon.* 1661, *in-fol.*

Is enim, cum a teneris unguiculis, non telluris tantum
faciem, terrestribus maritimisque itineribus diligentissi-
mae speculatus esset, sed et ad caelum et sidera con-
templanda animum elevasset, postremo Isabellae, Joannis, Lusitaniae Regis, filiae, quae post obitum conju-
gis Philippi Burgundi cognomento Boni, rerum domi-
nabatur, operam suam addixit, et ab ea navim impe-
travit, qua occidentalis oceani hactenus cognitos termi-
nos et fines, praetervectus, primus post hominum me-
moriam, Fayalem insulam, fago arbore, quam Lusitani Faya vocant, ac unde appellatio ei haesit, abun-
dantem reperit. Nec minus postea finitimas insulas,
uno nomine ab accipitrum ibi nidificantium multitudine
Azores dictas (Lusitani enim accipitres hoc vocabulo
efferunt, et Galli quoque in aucupiis, verbum essor et
essorer adhibent) detexit, ac Flandrorum colonias,
quorum progenies in hunc usque diem superat, in iis
reliquit, unde et insulae illae alia appellatione Flandri-
cae vocari coeperunt. Magis deinde per oceanum At-
lanticum oberrans, ad illas insulas delatus est, quas
postea Christophorus Columbus exploravit publica-
vitque. Hactenus a me dicta nituntur indubia fide mo-
numentorum Reipubl. Noribergensis, quae custodiuntur
in archivo, folio nimirum 119 voluminis membranacei,
de Patriciorum Noribergensium origine, et fol. 285,
T. I. Annalium Norib. MS. Amplius hausi haec ex
archivo privato familiae Behaimicae, in quo exstat
Martini Behaimi, sive Bohemi vera imago depicta;
exstat globus ingens terrestris ab illo confectus, in quo
minime quidem Americae continens, permultae tamen

insulae Americanae plagae, per ingens aequor sparsae, sine titulo et nomine designantur : exstant documenta authentica, quibus docetur, Martinum duxisse uxorem Joannam de Macedo, *Lusitaniae regni capitanei filiam, et decessisse illum, A.* 1506, *relicto filio* Martino, *qui* Noribergam *se contulit ad lares avitos. Quin et hoc iis docetur,* Maximilianum I. *imperatorem* Martini *expeditiones miratum, in haec erupisse verba :* Martino Bohemo *nemo unus imperii civium magis umquam peregrinator fuit, magisque remotas orbis adivit regiones. Porro fit apud* Joannem Natalium Metellum 1), *Sequanum in* Speculo Orbis terrae, *circa finem operis, mentio tabulae hydrographicae* Martini Bohemi *quam*

1) Son vrai nom étoit *Jean Metalius Metellus.* Il mourut vers l'an 1590. Le titre du livre est : *America, sive novus orbis, tabulis aeneis secundum rationes geographicas delineatus.* Joh. Metalius Metellus, *Sequanus, J. C. Vir doctrina praestans longioreque vita dignissimus, orbis universi Tabulas historico amictu ornare statuerat, sciens Historiam nunquam satis laudatae artis geographicae esse oculum. Ornavit itaque historicarum rerum veste aliquot Tabulas, quae ipso adhuc in vivis agente typis excusae sunt,* (Basil. 1555. fol.) *multoque cum fructu leguntur. Ingravescente autem aetate morboque quo sublatus est, lampadem amico tradidit, cujus cura Europae, Asiae et Africae, antehac tabulis editis nunc quoque accedunt Americae sive novi orbis tabulae, non nudas discalciataeque, sed pro dignitate meritoque rerum historicarum veste ornatae. Colon. Agrippinae, excud.* Steph. Hemmerden, *A.* 1600, *in-folio.* Metellus avoit pris cela de la traduction latine ou françoise de Benzon, qu'Urbain Chauveton publia à Genève en 1578 et 1579.

Emmanuel, *Lusitaniae rex, in suo Museo asservavit,*
et in qua locus Moluccarum designatus erat. Reperitur
insuper in AEneae Sylvii *cardinalis, ac postea sub no-*
mine Pii II, *summi pontificis,* · ad Antonium *cardi-*
*nalem.*Hilerdensem *libro, de Europae sub* Frederico III,
imperatore statu, in Martini Bohemi *laudem, cap.*
XLIV, *locus insignis quamvis, quod non dissimulo, in-*
sititius et inductus, nec usquequaque sibi constante ser-
mone expressus, aptus nihilo secius multimodis ad conci-
liandam dictis nostris fidem. Sic *vero se habet:* Anno
Dom. M.CCCC.LXXXIII, Joannes II, Portugaliae
rex, altissimi vir cordis, certas galeas omnibus ad
victum necessariis instruxit: easque ultra columnas
Herculis ad meridiem, versus AEthiopiam, investigaturas, misit. Praefecit autem his patronos duos,
Jacobum Canum, Portugalensem et Martinum Bohemum, etc.

Ce dernier passage a été pris dans la chronique
de Schedel ou le *Libro Chronicarum,* et inséré, long-
temps après la mort de Pie II, qui décéda en 1464,
dans le quarante-quatrième chapitre du traité de
ce pape, *De Europae, sub Frederico III imperatore,*
statu 1). Je transcrirai ici le passage entier d'après
le manuscrit autographe de Schedel qu'on conserve
dans la bibliothèque de la ville de Nuremberg 2),
Dans l'édition d'Antoine Koburger, qui imprima cet

1) Freherius, *Corporis Rerum German.* Tomo II,

2) Voy. mes *Memorabilia bibliothecarum publ.* Norimb,
P. I, p. 255 et 257,

ouvrage en 1493, lorsque **Martin Behaim** habitoit encore cette ville, il se trouve à la page CCXC.

Heinricus infans videns regni Portugalie fines parvis limitibus contineri cupiens regnum ampliare oceanum hispanicum summis viribus ingreditur suasu et doctrina cosmographorum situs terre et maris noscencium, inventisque multis et variis insulis ab hominibus nunquam habitatis. Inter ceteras praeclaram insulam·non sine suorum letitia adnavigat, non tamen hominibus habitatam sed fontibus irriguam pingui gleba refertam nemorosam. Incolendis hominibus aptam. Ad quam diversa hominum genera colendam immisit. Inter tamen ceteros fructus aptissima est ad procreandum zuccarum. Quod tanto fenore ibi nunc conficitur ut universa Europa zuccaro plus solido habundet. Nomen insule Madera est. Inde zuccarum de Madera. Invenit et alias insulas quamplures quas habitari baptizarique hominibus fecit ut insula Sancti Georii, Fayal, de Pico, quarum unam hominibus almanis ex Flandria habitandam concessit Feracem tritici. Annis vero posterioribus ut anno Domini 1483. Joannes secundus Portugalie rex altissimi vir cordis certas galeas omnibus ad victum necessariis instruxit easque ultra columnas Herculis ad meridiem versus Ethiopiam investigaturas misit. Praefecit autem his patronos duos Jacobum Canum Portugalensem et Martinum Bohemum hominem Germanum ex Nurmberga superioris Germaniae de bona Bohemorum familia natum. Hominem inquam in cognoscendo situ terre peritissimum marisque pacientissimum. Quique Ptalomei longitudines et latitudines in occidente ad un-

guem experimento longevaque navigatione novit. Hii, duo bono deorum auspicio mare meridionale sulcantes a littore non longe evagantes superato circulo equinoxiali in alterum orbem excepti sunt. Ubi ipsis stantibus orientem versus umbra ad meridiem et dextram proiciebatur. Aperuere igitur sua industria alium orbem hactenus nobis incognitum et multis annis a nullis quam januensibus licet frustra temptatum. Peracta autem hujusmodi navigatione vicesimo sexto mense reversi sunt Portugaliam pluribus ob calidissimi aeris impatientiam mortuis. In signum autem portavere piper, grana paradisi, multaque alia que longum esse recensere. Aperto illo orbe magna piperis quantitas Flandriam versus vehitur. Et licet non sit adeo rugosum ut orientale tamen acumen formam et omnia ut verum piper prae se fert. Multa ea de re scribenda forent que ne tedii arguar, bono respectu omisi.

Ce passage entier est ajouté par une autre main dans le manuscrit original de la chronique de Schedel. Dans la traduction allemande de ce livre, que George Alt finit le 5 octobre 1493, on ne trouve pas dans le manuscrit ces lignes, qui doivent y avoir été intercalées pendant qu'on en imprimoit la traduction allemande; mais Schedel ne peut pas en avoir été l'auteur, puisqu'il mourut en 1514.

Le résumé de ce passage se borne, ainsi que M. le conseiller Gebauer, 1) et M. le professeur

---

1) Dans son histoire allemande de Portugal, p. 123.

Tozen 1) l'ont remarqué, et comme j'en suis par‑
faitement d'accord avec eux: „Que le roi de Por‑
„tugal, Juan II, fit partir, en 1485, Jacques Canus,
„portugais de nation, et Martin Behaim de Nuren‑
„berg, avec quelques galères pour l'Ethiopie; qu'ils
„furent dans la mer du Sud, à peu de distance
„de la côte, et qu'après avoir passé la ligne ils ar‑
„rivèrent dans le nouveau monde, où, quand ils
„regardoient vers l'Orient, leur ombre tomboit
„vers le midi à leur droite; que dans cette situa‑
„tion ils découvrirent de nouvelles terres incon‑
„nues jusqu'alors, qui, pendant long‑temps n'a‑
„voient été cherchées par aucun peuple, si ce n'est
„par les Génois 2), et cela même sans succès; en‑
„fin, qu'après une navigation de vingt‑six mois,
„ils revinrent en Portugal, et que pour preuve de
„ce qu'ils avançoient à cet égard, ils rapportèrent
„du poivre et de la mallaguette.‟

Qui‑est‑ce qui ne s'apperçoit pas en lisant
avec attention ce passage, qui se trouve inséré
dans le livre *De Europae sub Friderico III impera‑*
tore statu, d'AEneas Sylvius, qui l'a pris dans la
chronique de Schedel, qu'il ne peut pas y être

---

1) Dans son Livre allemand: *Der wahre und erste Ent‑*
decker der neuen Welt, Colon, etc. Göttingen, 1761. 8.
P. 99.

2) Antoine, Barthelemi et Antoine de Nolle. Barrós,
Decada I, L. II, c. 1, et L. III, c. 11. Ce passage est
cité plus haut.

question de la partie du globe, auquel on a donné
ensuite le nom d'Amérique, ou, en particulier, celui de Brésil. Il est connu, que Diegue Can a
poussé plus avant la navigation des Portugais, qui
jusqu'alors n'avoient pas passé la Guinée, et que
dès l'an 1484 (et non en 1490) il découvrit le
royaume de Congo; découverte dont je ferai mention plus bas, lorsque je parlerai plus particulièrement de la navigation de Martin Behaim, en
Afrique.

C'est à ces passages, mal interprêtés, qu'il
faut attribuer tous les faux récits par lesquels on
a défiguré l'histoire de notre célèbre navigateur.
Quelques écrivains, peu satisfaits d'avancer, qu'il
a été le premier qui ait decouvert l'Amérique, lui
attribuent aussi la connoissance de la découverte
du fameux Détroit de Ferdinand Magellan, faite
le 6—28 Novembre en 1520 1). C'est Guillaume
Postel qui le premier avança ces faits. Dans deux
de ses ouvrages il donne au Détroit de Magellan
le nom de *Fretum Martini Bohemi.* Dans sa *Cos-
mographica disciplina* 2), il dit:

*Exceptione brevissime tradetur, quod praeter Au-
strali polo subjectam aut proximam, et praeter Cha-
masiae et Atlantidis australis juga sese respicientia,
quae ultra aequatorem prominent, haec quidem ad 54*

1) Voyez. p. 320.

2) *Basil.* 1561, 4. et *Lugd. Bat.* 1636, 16, edit. tert.
cap. II, pag. 22.

gradum, ubi est Martini Bohemi *fretum, a Maga-
glianesio Lusitano alias nuncupatum, illa autem ad
35, ubi est Bonae Spei promontorium, tota terreni. orbis facies continuo fere, praeter duas maris rupturas,
tractu, ab ortu in occasum, et contra ad aquilonarem
mundi partem est elevata.*

Dans le premier livre *De Universitate,* on lit: ·
*Est· aliquid soli adhuc incogniti sub polo antipodum
nostrorum, sive meridiano, quod quidquid, id est,
ipsi Atlantidi, qui fere cohaeret, ad fretum* Martini
Bohemi *conjungamus, eo qui de novo orbe est* 1).
Dans le second livre Postel répète ce qu'il vient
de dire 2). *Patet autem novus orbis a polo in po-
lum continue, praeterquam ubi frangitur semel in
freto* Martini Bohemi *ad 55 gradum ultra aequatorem, qua ad circumdandum orbem transivit Magalanes,
qui inde ad Moluccas iter fecit.*

Après ce livre de Postel, Benzon donna son
*Historia del mondo nuovo, laquale tratta delle isole,
et mari nuovamente ritrovati, e delle nuove citta da lui
proprio vedute per aqua e per terra in quattordici anni,
Libri III. In Venetia, appresso Francesco Rompa-
zetto* 1565 et 1572. 8, qu'il dédia au pape Pie IV:
Ce livre fut imprimé en latin à Genève en 1578,
1581, 1586, 1600 et 1670, in - 8°., sous le titre
de: *Novae novi Orbis historiae, i. e. Rerum ab Hi-*

___

1) Guil. Postelli, *de Universitate, Liber. Parisiis* 1563,
4, *lib. II, Lugd. Bat.* 1635, *edit. tert. lib. II, pag.* 37.

2) *Ibid, page* 256.

spanis in India occidentali hactenus gestarum, et de acerbo illorum in eas gentes dominatu, libri tres, primam ab Hieronymo Benzone *italico sermone conscriptae, nunc in latinum translatae et notis illustratae ab* Urbano Calvetone. 1). Celui - ci traduisit aussi ce livre en françois. Il y en a des éditions de 1579 et de 1600, *in-* 8°. En allemand, Benzon parut à Basle en 1579, *in-folio*. Karl Vermander le publia en hollandois à Amsterdam, en 1650, 4°. Une traduction angloise de l'ouvrage de Benzon fut mise au jour à Londres, en 1625, *in-folio*; traduction qu'on a insérée dans le tome IV, page 1448 de la nouvelle édition de la collection des voyages de Purchas, faite *in-*4°., à Londres, en 1713.

Dans l'ouvrage de Benzon il n'est pas fait mention de Martin Behaim; mais il est parlé de ce navigateur dans les remarques latines de Chauveton, ch. 14 du livre III, où il est dit: *Hujus freti observatio Magellano tribuenda est, nam reliquarum navium praefecti fretum esse negabant, et sinum dumtaxat esse censebant. Magellanus tamen fretum istic esse norat, quia, ut fertur,* (c'est ce qu'il avoit peut-être entendu dire de Postel), *in charta marina adnotatum viderat; descripta ab insigni quodam nauclero,*

---

1) Le comte Mazzuchelli n'a pas su, que cette traduction latine de Chauveton existoit. Voyez *Gli Scrittori d'Italia del conte* Giammaria Mazzuchelli, *Vol. II, P. II,* p. 905, artic. Benzoni.

ui nomen Martinus Bohemus, quàm Lusitaniae re-
in suo Museo adservabat.

Voilà ce que Théodore de Bry a fait copier
aussi dans son *America* (*Francof. ad Moen.* 1594,
1596 et 1599, fol.), *Part. IV, pag.* 66; et c'est de
lui que l'a pris Levinus Hulsius, dans le sixième
volume de sa collection de vingt-six voyages par
mer, dans la description de la navigation de Magellan (Nuremberg 1604, 4.).

Dans la traduction françoise de Benzon, de
1579, il est dit, *page* 136: "Et fut cause le gé-
"néral Magellanes, que le dit estroit se trouva,
"parce que tous les capitaines des autres navires
"estoyent de contraire opinion, et disoyent, que
"c'étoit quelque golfe, qui n'avoit point d'issue.
"Mais le général sçavoit bien, qu'il y en avoit un,
"parce que (à ce que l'on dit), il l'avoit veu marqué
"dans une carte marine qu'avoit faite un grand pi-
"lote, nommé Martin de Bohême, laquelle estoit
"dans le cabinet du roi de Portugal". M. Tozen
se trompe donc, quand il dit, *page* 80, que ces
mots ne se trouvent pas dans la traduction de
Chauveton.

C'est dans Chauveton que l'a pris Metellus, cité par Wagenseil 1), et tous les auteurs suivans
qui en ont parlé ainsi, les uns d'après les autres.
En un mot, c'est Chauveton qui a répandu le plus
le conte de la découverte du Détroit de Magellan

___

1) Pera libror. iuvenilium, pag. 527.

par Behaim. On n'en apperçoit absolument aucun indice sur le globe que Behaim fit en 1492, ainsi qu'on peut le voir par le planisphère qui s'en trouve à la fin du premier volume de ce *Recueil*. Il est même absolument invraisemblable, qu'après son retour en Portugal ou plutôt dans l'île de Fayal, Behaim ait pu avoir quelque notion d'un détroit, auquel aucun navigateur n'avoit pensé avant Magellan, et par conséquent pas avant l'année 1519.

Ni dans l'*Itinerario* de Marc Antoine Pigafetta (*Londra* 1585, 4.), ni dans la *Relazione di Congo e delle circonvicine contrade*, *tratta dalli scritti e raggionamente di* Odoardo Lopez, *Portogheze per* Philippo Pigafetta, (*Romae* 1591, *fol. fig.*), il est dit quelque chose de Martin Behaim.

Barros, qui parle d'une manière exacte de l'expédition de Magellan 1), ne dit pas un seul mot de Martin Behaim, ni de sa carte.

Maintenant nous devons passer, suivant l'ordre chronologique, au témoignage d'Herrera, auteur espagnol. Cet excellent historien avance sur de simples oui-dire, que Behaim étoit Portugais, né dans l'île de Fayal, l'une des Açores, et que ce fut lui qui confirma Colomb dans son projet 2); ce

---

1) *Decada terceira, L. V, cap.* 8, 9, 10, *fol.* 139—148, *Lisboa*, 1628, *fol.*

2) Ant. de Herrera, *Decada I, Lib. I, c. 2, p. 4.* Y *esta opinion le* (Colomb) *confirmo* Martin de Bohemia, *Portugues, suo amigo, natural de la isla de Fayal, grand cosmografo.*

n'est de même que, sur un faux bruit, qu'il lui
fait prendre part à la découverte du Détroit de
Magellan 1).

Era Hernando de Magallanes *hombre noble,*
dit il, *y que avia servido en la India oriental al Rey
Don Manuel, siendo Capitan general Alonso de Al-*
buquerque, con quien se hallò en la pressa de Ma-
laca, dando de si muy buenas muestras, y no pu-
diendo conseguir el premio de sus servicios, que pre-
tendia, andava con sentimiento del Rey, al qual dio
a entender el desgusto que tenia: y no pudiendo llevar
en paciencia que no se le hiziesse la merced que pedia,
determino de desnaturalizarse del Reyno, y tomandolo
por fe de escrivano, se vino a Castilla, estando la Cor-
te en Valladolid, y con el un Bachiller que se dezia
Ruy Falero, que mostrava ser gran Astrologo, y
Cosmografo, del qual affirmaban los Portugueses, que
tenia un Demonio familiar, y que de Astrologia no sa-
bia nada. Estos ofrecieron mostrar que las Islas de
los Malucos y las demas, de donde los Portugueses lle-
vavan la especeria cahian dentro de la demarcacion de
la Corona de Castilla, y que descubririan camino para
yr a ellas, sin tocar en el que llevavan Portugueses a
la India Oriental: y que este seria por cierto estrecho
de mar, no conocido hasta entonces de ninguna per-
sona. Con esta novedad acudieran a Juan Rodriguez de Fonseca, *Obispo de Burgos, que tenia a*
su cargo las Cosas de las Indias. Y pareciendole que

1) *Decada II, c. 19, p. 66.*

era este ofrecimiento de tener en poco, los llevò al gran Canciller, el qual informò al Rey, y a Mosiur de Gebres, de la pretension de los Portugueses. Trahia Hernando de Magallanes un Globo bien pintado, adonde se mostrava bien toda la tierra, y en el señalò el camino que pensava llevar, y de industria dexò el estrecho en blanco, porque no se lo pudiessen saltear. Hubo sobre esto muchos discursos, y demandas. Y preguntandole los mayores Ministros (de quien no tenia para que recatarse) que camino pensava llevar, dezia que avia de yr a tomar al Cabo de Santa Maria, que es el rio de la Plata, y de alli seguir por la Costa arriba, hasta topar con el estrecho. Dixeronle, que sino le hallasse que por donde pensava passar a la otra mar: respondia que se yria por el camino de los Portugueses pues que para mostrar que los Malucos cahian en la demarcacion de Castilla, bien se podia yr por su camino, sin perjudicarles: pero yva muy cierto de hallar el estrecho, porque avia visto una Carta de marear que hizo Martin de Bohemia Portugues, natural de la Isla de Fayal, Cosmografo de gran opinion, adonde se tomava mucha luz del estrecho, de mas que Hernando de Magallanes era hombre esperimentado en la mar y de mucho juyzio.

Varenius [1] fixe la première découverte du détroit de Magellan à l'année 1513, et l'attribue à

---

[1] *Geograph. Gener. cap.* 12, *p.* 7, *et cap.* 14, prod. 7, *p.* 110, *edit. Neapol.*

un certain Vasquez Nunnez de Valboa. " „Magel-
lânes, dit-il, *primus invenit et navigavit, anno
1520: etsi* Vascus Nunius de Valboa *prius, nempe
anno 1513, illud animadvertisse dicitur, cum ad au-
stralem regionem lustrandam isthic navigaret.*" C'est
ce même Vasquez, et non pas Martin Behaim,
dont il parle dans le paragraphe suivant du qua-
torzième chapitre, destiné à prouver, que l'Océan
flue toujours de l'Orient vers l'Occident, sous la
zone appellée Torride, entre les deux tropiques,
où il dit: *Sic per fretum Magellanis fertur mare ab
Oriente in Occidentem motu incitatissimo, ut inde Magellanes (vel qui ante Magellanem, id detexit, ut
volunt), conjecerit esse fretum, per quod ex Atlantico
in Pacificum Oceanum perveniatur.*

Jean Müllner dans ses Annales MSS. de Nuremberg, comme aussi Jean Wuelfer 1), Omeis 2),
Wurzelbau 3) et Lochner 4) ont dit la même
chose de notre Behaim, que ce que Wagenseil
avoit avancé d'après les papiers de famille, qui se
trouvent dans les archives de la ville de Nuremberg. Mais l'histoire et le globe de Behaim dé-

1) *Orat. de Majoribus Oceani Insulis*, Norimbergae,
1691, 8. *p.* 98, 102.

2) Omeis *de Claris quibusdam Norimb. p.* 13.

3) *Vranies Noricae Basis astronomico-geographica.* Norimb. 1697. fol. Dans son épitre dédicatoire.

4) D. *Mich. Frid. Lochner* Commentat. de Ananass,
sive nuce pinea indica *etc.* Norimb. 1716. 4. *p.* 3.

truisent absolúment tous ces prétendus faits, et prouvent, qu'il n'a eu aucune connoissance de l'A- - mérique. Cependant je ne prétends pas soutenir, qu'il n'ait pas pu recevoir dans l'île de Fayal, où il a demeuré depuis l'année 1494, jusqu'en 1506, quelque avis touchant la découverte du Nouveau Monde, de même que quelque indice du Détroit de Magellan. MM. Schwarz 1), Moerl 2), Biele- féld 3), Fuerer 4), et Will 5), ne disent au fond rien d'autre sur le principal point, que ce qu'on trouve chez Wagenseil, Wuelfer, Stuvenius et Doppelmayr.

Si l'on avoit eu recours aux écrivains espa- gnols et portugais, on n'auroit pas continué à dé-

1) *Dissert. de Columnis Herculis*, *Altodorfii* 1749, 4. §. *ult.* Popowitsch a aussi éclairci ce passage dans ses *Recherches sur la mer.* Nuremberg 1750, page 31.

2) Joh. Sigism. Moerlii *Orat. inaug. de meritis Norinbergensium in Geographiam.* Cette dissertation se trouve dans le *Museum Noricum*, p. 123. (*Altdorf* 1759, 4).

3) De Bielefeld, *Progrès des Allemands dans les Sciences, les Belles-Lettres et les Arts*, ch. 3, *des inventions et des découvertes des Allemands*, page 72 — 76. Amst. 1752. 12.

4) Joh. Sigism. Fuereri, *Oratio de Martino Behaimo*, dans le *Museum Noricum*, pag. 385-400.

5) Dans le *Nurenbergischen Gelehrten Lexicon*, Tome I, p. 85 et dans le *Munzbelustigungen*.

biter tant de faussetés sur le compte de Martin Behaim.

Garcilasso de la Vega se trompe quand il écrit, qu'un célèbre Géographe *Martin Behenira* ait donné des renseignemens à Colomb. Mr. Otto le suivit encore en 1787 dans son *Memoir on the Detection of America*, imprimé dans le Tome II. des *Transactions of the american philosophical Society, held at Philadelphia, for promoting useful knowledge.* Philadelphia, 1786. 4. (réimprimés à Londres, 1787, chez Dilly). Il prétend, que Martin Behaim ait découvert Brasîle huit ans avant Colomb, et qu'il ait poussé son cours jusqu'au Détroit de Magellan. Mais il fut refuté dans le *Memorial literario;* en Madrid, 1788, Julio, pag. 1784.

On ne trouve le nom de Martin Behaim dans aucun écrivain portugais, si ce n'est dans Manuel Tellez de Sylva 1); ni dans aucun historien espagnol, à l'exception de Garcilasso de la Vega, et d'Antoine Herrera, dans les deux endroits indiqués plus haut, où il dit, qu'il s'appelloit Martin de Boheme, qu'il étoit Portugais de nation, et né dans l'île de Fayal, erreur que M. Robertson a copiée dans son *Histoire de l'Amérique.*

Voici une notice des principaux écrivains, qui ont parlé du siècle dans lequel a vécu Martin Behaim.

1) *De rebus gestis Johannis II*, pag. 99.

Historiens Portugais.

As Decadas III primeiras de Asia de Joano de
Barros; *em que se tratam os feytos de Portugueses,
no descobrimento e conquista dos mares e terras do
Oriente, depois do anno de 1412, ate o de 1526.* Em
Lisboa, 1551. Decada II, *ibid.* 1553. Decada III,
ib. 1556. *in-fol. Jean-Baptiste Levanha publia au
commandement du Roi Philippe III, la quatrième Décade beaucoup alterée à Madrid, 1615, avec des Cartes géographiques. Cette Décade finit avec la mort de
Nugno d'Acunha 1538. On les imprima derechef à
Madrid, 1628, in-fol. et les dix Décades à Lisbonne
en 3 vol. 1736, in-fol.* Les autres Décades
n'appartiennent pas à cette époque. On les a ré-
imprimé en 1779 à Lisbonne. Diego do Couto
écrivit auparavant la quatrième Décade, puisque le
manuscrit de Barros étoit encore chez Doña Loisa
Soarez, veuve de son fils aîné Jérôme de Barros.
Do Couto publia sa Décade à Lisbonne en 1602;
et 1612, 1614, 1616 et 1673 parurent les trois Décades suivantes. Do Couto écrivit aussi la 8me
Décade jusque à la 12me, qui sont encore en manuscrit dans les Bibliothèques. Cependant on imprima en 1645 à Rouen cinq Livres de la douziè-
me Décade de do Couto, sous le titre: *Cinco Libros da Decada doze da Historia da India de* Diogo do Couto *tirados a luz por* Emanoel Fernandez
de Villareal, in-fol. Les douze Décades de Couto vont jusqu'à l'an 1600.

On en a une traduction italienne d'Alphon‑
se Ulloa, publiée à Vénise, en 1562, in‑4°;
mais ce ne sont que les deux premières Décades.
Il y en a de nouvelles éditions de 1611 et 1661,
in‑4°.

Barròs est le meilleur historien des Grandes‑
Indes, ainsi que Herrera l'est des Indes Occiden‑
tales.

*Libros seis da historia do descobrimento e con‑
quistas de India pelos Portugueses.* Por Fernaõ Lo‑
pez de Castanheda. *Em Coimbra 1562, 1553, et
1554, fol. 4 vol.*

Anton. Galvao, *Tratado dos descobrimentos an‑
tigos e modernos. Em Lisboa 1731, fol.*

*Cronica que tracta da vida e grandissimas vir‑
tudes do Christianissimo Dom Joano ho segundo deste
nome, Rey de Portugal;* feyta por Garcia de Re‑
sende. *Em Lisboa 1596, fol.* Il en a paru une
édition augmentée en 1622, *fol.*

Damians de Goës, *Historia do Principe Dom
Joam II, Rey que foy segundo do nome. Em Lis‑
boa, 1567. 4. ibid. 1724. 8.*

*Chronica del Rey Dom Joam de boa memoria,
composta por* Fernam Lopez, *Escrivano da puridade
do Infante D. Fernando, filho do mesmo Rey Dom
Joam, por mandado del Rey; II Partes. Parte
III por* Gomez Eannes d'Azurada. *Em Lisboa,
1644. fol.*

*Reyes de Portugal, y empresas Militares de Lu‑
sitanos.* Por Luis Crello. *Em Lisboa 1624. 4°.*

Colleçam dos Documentos, Statutos e Memorias da Academia real da Historia Portugueza,. etc.; por Emanuel Tellez de Sylva. *Em Lisboa 1721, etc. fol. 31 vol.*

Memorias para a historia de Portugal, que comprehende o govęrno del Rey Dom Joaõ o primeiro. Compostas por Jozé Soares da Sylva. *Em Lisboa, 1730—32. 3 Vol. 4.*

Colleçaõ dos Documentos, com que se authorizaõ as memorias para a Vida del Rey D. Joaõ o primeiro. Em Lisboa, 1734. 4.

Mémoires de Portugal, avec la Bibliothèque de ses Historiens; par le chevàlier d'Oliveira, à la Haye 1743, 8, 2 vol.

Cronica dos Reys de Portugal. Por Duarte Nunnez de Liano. Em Lisboa, 1773. 4. 2 vol.

Manoel Severim de Faria, e Souza, *Noticias de Portugal, etc., nesta segunda impressaõ, acrescentadas pelo Padre,* Joze Barbosa. *Em Lisboa, 1740, fol.*

Europa Portuguesa *du même;* in - fol. 4. Vol. Asia Portuguesa; 3 Vol. Africa Portuguesa; 2 Vol. America Portuguesa; 1 Vol. in - fol.

Bibliotheca Lusitana Historica, Critica e Chronologica, na qual se comprehendè a noticia das Authores Portuguezes, e das obras de compuserano desde o tempo da promulgaçaon da Ley, da Graça ate o tempo prezente. Por Diogo Barbosa Machado, *Tom. I. Em Lisboa Occidental 1741, Tom. II, 1747, Tom. III, 1752, Tom. IV, 1759, fol.*

Dialogos de varia Historia, em que summaria-

mente se referém muitas coufas antigas de Espanha, e todas as notaveis que em Portugal aconteceraon, em suas gloriosas conquistas antes e despois de ser leventado a dignidade real, e oùtras muitas de outros Reynos, etc., com os retratos de totos os Reys de Portugal. Em Coimbra 1594, 8°. 1598, 4 fig.

Vida do Infante Don Henrique; por Candido Lusitano (Francisco José, Freire da Congregaçaŭ do Oratorio, 1758; gr. in - 4°.

Vie de l'Infant Don Henri de Portugal, auteur des premières découvertes qui ont ouvert aux Européens la route des Indes. Ouvrage traduit du Portugais par Mr. l'Abbé Cournand, à Paris, 1781, in 12°. 2 Vol. En Allemand, par Mr. Sprengel, à Halle, 1783, 8.

Historiens Espagnols.

Epitome de la Bibliotheca Oriental y Occidental, nautica y geographica de Don Antonio de Leon Pinelo, anadino y emendado nuevamente en que se contienen los Escritores, de las Indias Orientales y Reinos convecinos. Por el Marques de Torrenueva. En Madrid, 1737, fol. 3 vol.

D. Andres Gonzales Barica, Historiadores primitivos de las Indias Occidentales. En Madrid, 1749, fol. 3 vol.

Francisco Lopez de Gomara, la Historia general de las Indias, hasta el anno 1551, etc. Em Amberes, 1554, 12. Cette histoire des Indes se trouve aussi insérée dans le second volume des *Historiadores* de Barcia. Elle a été traduite en Italien à Vénise, en 1574, 8°.; et en François par Fumée, à Paris 1587, cinquième édition.

Anton de Herrera, *Historia general des las Indias Occidentales; o de los Hechos de los Castellanos en las Islas y Tierra firme del Mar Oceano, desde el anno 1492, hasta el del 1554, Decada, 8°. En Madrid 1601, fol.* 4 *vol.* et 1728—1730, *fol.* 4 *vol.* En François, par Nic. de la Costa 1660, deux Décades. La troisième Décade parut en 1671, et le reste n'a jamais vu le jour. En Anglois, London 1740, 8. 6 *vol.*

Anton de Herrera, *Cinco Libros de la Historia de Portugal, y conquista de las Islas de los Açores, en los años de 1582 y 1583. En Madrid 1591, 4°.* Herrera parle, dans cet ouvrage, des événemens qui eurent lieu en Portugal, après la mort du roi Don Sébastien; particulièrement dans le quatrième livre de l'expédition contre les îles Açores, qui s'étoient déclarées pour Don Antoine, contre le roi Philippe II. A la page 161, il donne une description de ces îles, et de leur première découverte; mais il n'y fait aucune mention de Martin Behaim.

Vida y Hechos del Principe perfetto. Don Juan II, rey de Portugal. Por Christoval de Ferreira y Sympayo. *En Madrid 1626, 4°.*

Vida y acciones del re Don Juan el segundo de Portugal. Por Don Augustin Manuel y Vasconcellos. *En Madrid,* 1639, 4. En François; *à Paris,* 1641, 8°.

Don Joseph Martinez de la Puente, *Compen-dio de las Historias de los descubrimentos, conquistas, y guerras de la India Oriental y sus Islas, des de los Tiempos del infante Don Enrique de Portugal, su inventor, hasta el del rey Don Phelipe III. Madrid,* 1681, 4°.

Historia politica de los establicimientos en la In-dia oriental. Por Edoard Malo de Luque *(el Du-que de Almodovar) Tomo I. En Madrid,* 1785, *en la imprenta de Antonio Sancha, in-* 4°.

Historiens Latins et François.

Petri Martyris, *ab Angleria, Decades III, de rebus Oceanicis, et orbe novo. Edente* Sim. Grynaeo, *Basil.* 1533, *fol. Edente* Geruino Calenio, *Lip-piensi, Coloniae,* 1574, 8. *cum* Petri Martyris *Li-bris III de Babylonica Legatione, et* Damiani *a* Goes *Opusculis de rebus* aethiopicis, indicis, etc. *Decades octo Edente,* R. Hakluyt. *Parisis* 1578, 8°. La pre-mière édition de ces *Décades* est de l'année 1516, à Madrid, in- 4°. En Anglois, à Londres (1650), in 4°.

Petri Martyris, *Anglerii Mediolanensis, Proto-notarii Apostolici, atque a consiliis rerum Indicarum, opus epistolarum. Compluti* 1530, *fol. Amstelod.* 1670 *fol.* M. le professeur Schloezer a tiré de cet ouvrage plusieurs lettres concernant Colomb, qu'il a fait imprimer dans le dixième cahier de sa *Correspondance Epistolaire*, depuis la page 207, jusqu'à la page 226.

Emmanuel Tellesius. Sylvius, *Marchio Alegretensis, de rebus gestis Johannis II, Lusitanorum regis. Vlyssipone,* 1689, *in-* 8°. *Hagae Comitis* 1712, 4°. -

Hieron. Osorius, (le Ciceron des Portugais) *de rebus Emmanuelis, regis Lusitaniae, gestis. Olysipponae* 1571, *fol. Col. Agripp.* 1572 et 1586, in 8°. avec Joh. Metelli *Sequani Jurisconsulti, Praefatio de reperta ab Hispanis et Lusitanis in Indiam Occidentis et Orientis navigatione ad* Antonium Augustinum, *Archiepiscopum Tarraconensem.*

Traduction du *Lopez de Castanheda* et d'*Osorio:*

Histoire de Portugal, contenant les entreprises, navigations et gestes mémorables des Portugallois, tant à la conquête des Indes Orientales par eux découvertes, qu'ès guerres d'Afrique, et autres exploits. 1586, in - 4°.

En Anglois, *London* 1752, 8°. 2 *volumes.*

Antonii Vasconcelli, *Soc. Jesu, Anacephalaeoses, i. e. Summa capita actorum regum Lusitaniae, Antverpiae* 1621, 4, avec de fort belles figures.

P. Joseph François Lafitau, *Histoire des Découvertes et Conquêtes des Portugais, dans le Nouveau Monde, T. I et II, à Paris,* 1733, 4ᶜ. *Amst.* 1736, 4 *Vol. fig. gr. in*-12°.

En Espagnol; Par Don *Manuel Antonio Ramirez.* En Madrid, 1774, 8.

Histoire abrégée de la Découverte et de la Conquête des Indes par les Portugais; à Paris, 1770. gr. 12.

Histoire philosophique et politique des établissemens et du commerce des Européens dans les deux Indes. Par Mr. Guill. Thomas Raynal; à Genève, 1780, 4. et 8. T. I, p. 42 suiv. de l'édit. in-gr. 8°.

Historiarum Lusitanarum libri decem. Auctore Ferdinando de Menezes, *comite de Ericeira, Ulissipone,* 1734, 4. 2 *volumes.*

Il seroit bon de consulter plusieurs de ces livres, que je n'ai pas pu me procurer, et de tâcher d'obtenir des archives royales de Portugal, à Lisbonne, de nouveaux éclaircissemens sur Martin Behaim, dont j'ai examiné jusqu'ici l'histoire en critique, afin de pouvoir mieux prouver ce qu'elle offre d'exact et de vrai.

Martin Behaim se trouvoit à Anvers, au mois de juin de l'année 1479. C'est sans doute dans cette ville qu'il fit la connoissance de quelques Flamands, qui demeuroient dans l'île de Fayal ou dans celle de Pico, ou celle de Job de Heurter même, et il se rendit probablement peu de temps après en Portugal, où il se fit tellement aimer, par ses connoissances dans la cosmographie, qu'il fut placé, en 1484, sur la flotte de Diego-Cam, pour aller faire de nouvelles découvertes en Afrique; les propositions de Colomb ayant été rejettées l'année auparavant, à cause que le roi croyoit devoir préférer des avantages réels à des projets qu'on regardoit comme incertains.

Les croisades avoient donné aux Européens de fréquentes occasions de visiter les côtes d'Afrique. Les Normands tentèrent, en 1365, de descendre le Sénégal, pour éviter de payer des droits à la douane d'Alexandrie. Mais ce fut l'infant Don Henri 1), qui par sa glorieuse entreprise ouvrit principalement la route aux nouvelles expéditions maritimes, en doublant le cap Boyador ou Boxador, et en découvrant les îles Açores.

Le roi Juan II fit équiper, peu de temps après son avénement au trône, en 1481, douze vaisseaux, pour continuer les découvertes qu'on venoit de faire. Cette flotte fut confiée à Don

---

1) L'infant Don Henri, duc de Viseo, étoit quatrième fils du roi Jean I, qui l'avoit eu de Philippine de Lancastre, soeur de Henri VI, roi d'Angleterre. Il est mort le 13 novembre 1463, quoique Vasconcellos prétende, qu'il mourût dix ans plutôt. Voyez Barros, *Decad. I, lib. I, cap.* 16. Il mit à profit le peu d'Astronomie que les Arabes avoient conservé, dit *Raynal*. Un observatoire, où furent instruits les jeunes gentils-hommes qui composoient sa cour, s'éleva par ses ordres à Sagres, ville des Algarves. Il eut beaucoup de part à l'invention de l'astrolabe, et sentit le premier l'utilité qu'on pouvoit tirer de la boussole, qui étoit déjà connue en Europe, mais dont on n'avoit pas encore appliqué l'usage à la navigation. Les pilotes qui se formèrent sous ses yeux, découvrirent en 1419 Madère etc. *Hist. philos. et polit. des établiss. et du commerce des Européens dans les deux Indes*, T. I, p. 42. de l'édit. de 1780 gr. in 8°.

Diegue Dazambuya 1). Les Portugais élevèrent
sur la côte de Guinée le fort de Saint-George de
la Mine, avec la permission de Caramansa, prince
du pays; et dans la suite le roi changea ce fort
en une ville.

Martin Behaim a, comme témoin oculaire,
indiqué sur son globe beaucoup d'endroits décou-
verts lors de la seconde expédition, faite en 1484.
Je vais indiquer ici les noms de toute la côte
d'Afrique.

La Côte de l'Afrique Septentrionale.

Targa, Alcadia, One, Oran, Bones, *Alger* 2),
Bogia, Bona, Bezzert, Cartago, Siessa, Comeras,
Affrica, Kathalia, *Tunis, Ptolemais, Sultan, un
roi de la Terre-Sainte, un prince qui possède plusieurs royaumes en Arabie, en Egypte et à Damas.*

Tripoli, Barbarum, Brata, las Vechas, Casar,
Tosar, Dibrida, Bayda, Modebare, Ptolemais, Ve-
zeli, Salmos, Cazalles, Porta Raraiba, Torre de
Lorabo, Porto Vejo, *Alexandria,* Egyptus.

1) Barros, *Decad. I, L. III, cap.* 1 et 2.

2) Tout ce qui est ici en caractères italiques est écrit
sur le globe de Behaim en plus grandes lettres, et avec de
l'encre d'un rouge plus foncé. Le royaume de Congo ou
de Zayre, comme on l'appelle quelquefois, ne se trouve
pas marqué sur ce globe.

La Côte d'Afrique jusqu'au cap de Bonne Espérance.

Castel del Mare, Agilon, *le royaume de Maroc.*

Deserta, Cabo Bossador, Boxador, du mot portugais *bojar,* se forjetter, et non 'de l'espagnol *boxar* ou *boxear*, aller au tour.

Lazzaron, QUATRE ÎLES.

Altas Montes, Torre Darem, Gieso, Bon, Rio de Oro, Cabo do Barbaro, Saint-Mathia.

Cabo Bianco, *Castel d'Argin,* Rio de San-Johan, *Genea,* le royaume Burburram 1) *de Genea* (Guinée), *le royaume d'Organ.* C'est jusque dans ce pays ci que viennent tous les ans les Maures de Tunis, avec leurs caravanes, pour avoir de l'argent. Ponta (PROMONTOIRE OU LANGUE DE TERRE) da Tosia, Os Medos 2), Sancta in Monte, Anteroti, As Palmas, Terra de Belzom, Cabo de Cenega, Rio de Cenega, Rio de Melli.

Cabo Verde, Rio de Jago, Rio di Gambia, *le roi Babarin de Gambai Galof,* Bogaba, de Sayres, Rio Grande, Rio de Cristal, Rio de Pischel.

Sera Lion. C'est de ce pays qu'on apporte en Portugal la malaguette, Rio de Galinas, Rio de Camboas.

Rio de Forzi al Borero, Rio de Palma, Pinias, *Terra D'malaget.* Cabo Corso, Angra (BAYE)

---

1) *Bor Biran.* Barros, *Décad. I, Lib.* 3, *cap. 6.*

2) bancs de sables, *syrtes.*

Vqua, Rio de Saint-André, Ponta (LANGUE DE TERRE) da Redis, Seria Morena, Angra de Poua-raca, *Castel de Loro*, Resgate (RANÇUN) da Nave, Olig de Saint-Martin, Bon de Nao, Rio de San-Johan-Baptista, Tres Pontas, *Minera Quri*, da Vo-lem, Angra Tirin, Villa Freinta, Terra Bara, Villa Longa.

Ripa, Monte Raso, Le *royaume de Mormelli*; *c'est dans ce royaume que croît l'or que le roi de Portugal fait chercher.*

Rio de Lago. *Ce fleuve est à dixhuit cens lieues ou milles Portugais, ou douze cens milles d'Allemagne, de Lisbonne.* Rio de Sclavos, Rio de Forcada, Rio de Ramos, Rio de Behemo, Cavo Formoso, *Tiera da Peneto*, Rio da Sierra, Angra de Stefano, Golfo de Grano, Rio Boncero. *Le pays du roi de Furfur, où croît le poivre, que le roi de Portugal a découvert en* 1485.

Circulus Equinoctialis.

Cabo de las Marenas (VIS-A-VIS) *Insula de Principe.*

Serra di San Dominico, Angra do Principe, Alcazar, Rio de Furna, Angra da Bacca, Terra de Estreas, (VIS-A-VIS) Ins. San-Thome 1).

---

1) Cette ile, et celles du *Prince et d'Anno-Buon*, étoient déjà découvertes sous le roi Alphonse V, en 1472. Barros, *Décad. I, Lib. II, cap.* 2; ce qui contredit néanmoins le rapport de Martin Behaim, qu'il en place la découverte en 1484.

Rio de Santa Maria, *Cabo de Santa Catherina,* Cabo Gonzale, Rio de San-Mathia, Oraia de Judeo, Beia Deseira, *Rio de San-André.* (VIS-A-VIS) Insule Martini (QUATRE ÎLES). *Item, dans ce pays il fait été lorsque nous avons l'hiver en Europe; et tous les oiseaux et quadrupedes y sont autrement faits que les nôtres. Il croît ici beaucoup d'ambre, qu'en Portugal on appelle Algallia.*

Cabo de Catherina, Sera de Sancto Spirito, Praia (CÔTE OU BANC) de Imperatof, Ponta de Bearo, Angra de Santa Marta, *Golfo di San Nicolo,* Serra Coraso da Corte Reial, Golfo de Judeo, Ponta Formosa, Deserta d'Arena, Ponta Bianca, *Golfo da San Martin,* Ponta Formosa, Golfo das Almadias, *Rio de Patron,* Rio Ponderoso, Muoruodo, Rio da Madalena, Angra et Rio de Fernande, Ponta de Miguel, Insula de Capre. PLUS AVANT DANS LE PAYS ON LIT: *Lune montes, Abasia Ethiopia, Agisinba. Ici il y a un pays sabloneux et aride appellé Zone Torride, mal peuplé, si ce n'est seulement du côté où l'on peut avoir de l'eau.*

Cabo Delta, Ponta Alta, o Gracil, Castel Poderoso de San Augustino, Angra Manga, Cabo de Lion, o Rio Certo, Terra Fragosa. C'EST LE CAP, APPELLÉ DE BONNE-ESPÉRANCE, PAR JUAN II, AUTREMENT NOMMÉ, LE CAP DE LAS TORMENTAS. ON Y VOIT PEINT LE PAVILLON PORTUGAIS, ET AU-DESSUS UN VAISSEAU AVEC CETTE INSCRIPTION:

„C'est ici que furent plantées les colonnes du

roi de Portugal, le 18 janvier de l'an du Seigneur
1485."

„L'an 1484, après la naissance de J. C., l'illustre Don Juan fit équiper deux vaisseaux." Voyez
Tome I, de ce Recueil, page 334.

Le reste de la côte, jusqu'au *Sinu Lagoa,*
est marquée de la manière suivante:

Monte Nigro, (a côté) Lacarto, Narbion,
Agisenba, Blassa, Ricon, Cabo Ponero, Terra
Agua, Rio de Bethlehem, Pouaraszoni, Angra de
Gatto, Roca, Rio de Hatal, Arenas, San Steffan,
Rio dos Montes, Rio de Requiem, *Cavo Ledo,*
Rio Tucunero, Prom, San-Bartholomeo Viego.
*Dans ce pays il fait été, quand nous avons l'hiver en
Europe, et lorsqu'il fait été chez nous, ils ont l'hiver
chez eux.* Au-dessous il y a de même un vais-
seau peint avec ces mots:

Oceanus maris asperi Meridionalis.

„Jusqu'ici sont venus les vaisseaux portugais,
qui y ont dressé leur colonne; et au bout de dixneuf mois ils ont été de retour dans leur pays."

Je crois devoir donner quelques éclaircissemens,
concernant les lieux indiqués sur le globe de Behaim, d'après ce qui est dit dans Barros, *Dec. I,
Lib. III, cap. 2.* Le roi ordonna, qu'on prît sur
les vaisseaux des colonnes, de pierre de la hauteur
de deux hommes, sur lesquelles on avoit sculpté les
armes de Portugal. Jusqu'à ce temps-là le cap de

7 *

Sainte-Catherine avoit été, la plus grande hauteur où l'on eut monté. Diego Cam ou Can, avança jusqu'à l'embouchure du Zaïre, y dressa ses colonnes; ce qui fit qu'on donna pendant long-temps à cette rivière le nom de la *Rivière 'des Colonnes,* (*Rio do Padrano*; Behaim écrit, *Rio de Patron*), et découvrit le royaume de Congo. On peut consulter sur cela *l'Histoire Générale de Voyages.*

Le PONTA FORMOSA de Behaim, (voyez la page 352), étoit sans doúte l'île que Fernande del Po découvrit en 1485, et auquel on donna son nom. Il est question aussi sur le globe de Behaim, d'ANGRA ET de RIO FERNANDE.

Martin Behaim fait mention de deux caravelles, (page 334 du premier volume de ce *Recueil*). Ces deux navires furent commandées par Diego Cam et Juan Alphonse Davero ou Daveiro 1). Ce dernier découvrit le royaume de Benin, à deux cens milles du Fort Saint-George de la Mine, et apporta en Portugal le premier poivre de Guinée. Behaim indique ANGRA DE GATTO, (la Baye du Chat), où l'on établit une factorerie, ainsi que le dit Barros.

Le royaume d'Organ de Behaim, porte chez Barros, (*Cap. 4*), le nom de royaume d'Ogan.

Behaim a aussi pensé, sur son globe, à l'Ethiopie, pays où l'on agrandit les découvertes en 1486, sous Barthelemi Dias, principalement d'après les

---

1) Vasconcellos, *vida y acciones del Rey Don Juan el segundo, Libro VI.*

cartes d'Afrique de Ptolémée; sur-tout dans la partie occidentale de cette contrée. Dias fit de même, conjointement avec son frère Pierre et l'infant Don Juan, la découverte du cap de Bonne-Espérance, qu'ils ne doublèrent cependant point.

En 1485 Martin Behaim fut créé chevalier du Christ 1), par le roi; mais il n'est pas possible, que cela ait eu lieu le 18 février, ainsi que le dit un écrit allemand de ce temps-là; car il se trouvoit encore un mois auparavant sur la flotte à la pointe de l'Afrique. Resende 2), qui a tenu notice des moindres circonstances du règne du roi Juan II, ne parle point de cette création; cependant il n'a pas oublié de faire mention des honneurs et dignités accordés à Don Gonzale Vas de Castelbranco; mais ni lui, ni Barros, ni Vasconcellos, ni plusieurs autres écrivains ne disent rien de notre Behaim, qui étoit cosmographe de la flotte, sur laquelle se trouvoit peut-être aussi son beau-père, Job de Huerter. Suivant une tradition de famille, le roi de Portugal doit avoir dit de Behaim, dans une lettre écrite de sa propre main: *Quia perspecta nobis jam diu integritas tua nos inducit ad credendum, quod ubi tu es, est persona nostra, etc.*; ce qui est à

---

1) Voyez le Nr. II. des Pièces justificatives.

2) *Chronica que tracta da vida e grandissimas virtudes do Christianissimo Dom Joano ho segundo deste nome.* — *Feyta por Garcia de Resende. Em Lisboa* 1596, *folio, cap. LIX, fol.* 59, *b.*

peine croyable, quand on pense au silence que les principaux historiens portugais ont gardé sur ce sujet.

Le Portugal ne fut pas ingrat envers les Nurembergois, qui lui avoient été de quelque utilité. Le 2 février 1503 Wolf Holzschuher, patrice de Nuremberg, reçut, pour récompense de son courage et de ses importans services, un diplôme, par lequel le roi Emanuel lui permettoit de porter dans ses armoiries une tête de Maure et la croix de l'ordre du Christ. Cette permission fut ratifiée en faveur de cette illustre famille, par Charles-Quint, en 1547.

Il ne paroît pas probable, que Martin Behaim se soit ensuite trouvé davantage aux expéditions en Afrique 1). Il resta à Fayal, où il se maria en 1486, avec la fille de Job de Huerter, (Jeanne de Macedo),

---

1) Au mois de mai de l'année 1487, Pedro de Covillam et Alphonse de Payva, partirent pour aller faire de nouvelles découvertes. Ils prirent avec eux une carte qui avoit été faite d'après une mappemonde de Calsadilla, evêque de Viseo, bon astronome. Peut-être est-ce cette carte qui pendoit dans le cabinet de Don Emanuel, roi de Portugal, et qu'on a attribuée à notre Behaim.

En 1488, Vas da Cunha et Don Juan de Bemoin, prince Africain baptisé, furent expédiés pour aller construire un fort sur la rivière de Sanaga; mais cette tentative fut infructueuse. En 1490 le roi fit partir Ruiz de Sousa pour le Congo.

qui en 1489 lui donna un fils, Martin III. Voyez les Pièces justif. Nr. VIII.

En 1491, ou même déjà en 1490, notre chevalier se rendit à Nuremberg, pour y voir sa famille. Voy. Nr. III.

Le 3 août de l'année 1492, Colomb mit à la voile de Palos, et découvrit l'île Lucaye, appellée Guanahani, à laquelle il donna le nom de San-Salvador. Dans un ouvrage fort utile, imprimé il n'y a pas long-temps à Vénise, on fait mention de notre Behaim, dont il y est dit 1): *Sunt, qui Colonum, alienas tabulas sortitum Novum Orbem cogitasse credant, sive confectae ab amica manu suppeditatae illae sint à* Martino Andalouza *Cantabro, ab ignoti nominis Lusitano, sive ab* Alphonso Sanchez de Huelba, *in Baetica nato.* Le trois mars de l'année suivante Colomb entra à Restelo (aujourd'hui Belem) sur le Tage; mais il en sortit bientôt, après avoir eu audience de Juan II, qui le reçut gracieusement, et le laissa ensuite partir sans aucun obstacle pour l'Espagne.

Martin Behaim mit, en 1492, à Nuremberg, la dernière main à son globe terrestre, qu'il avoit entrepris de faire à la requisition des trois princi-

---

1) *Fasti Novi Orbis, et ordinationum apostolicarum, ad Indias pertinentium, breviarium cum adnotationibus. Opera D.* Cyriaci Morelli, *presbyteri, olim in universitate Neo - Cordabensi in Tacumania professoris,* Venetiis 1776, 4, *maj.* p. 61. Matriti, 1787. 4 *maj.*

paux magistrats de cette ville; et en 1493 il arriva heureusement en Portugal, et ensuite chez son beau-père, dans l'île de Fayal.

Le roi Don Juan II avoit une grande confiance en notre chevalier. En 1494 il l'envoya en Flandres auprès de son fils naturel, le prince George, à qui il auroit désiré de laisser sa couronne, qui néanmoins passa à don Emanuel, le fils de sa soeur. Behaim eut le malheur d'être pris sur mer, et fut conduit en Angleterre, où il fit une maladie. Se trouvant rétabli au bout de trois mois il se remit en mer, et tomba de nouveau entre les mains d'un corsaire qui le mena en France. Après avoir payé sa rançon, il se rendit à Anvers et à Bruge, d'où il manda tous ces contre-temps au sénateur Michel Behaim, son cousin, par une lettre du 11 mars 1494; mais qu'il n'expédia cependant que de Portugal, où il fut obligé de se rendre en hâte. Voyez les Preuves, Nr. IV.

Après la mort du roi Don Juan, arrivée le 25 octobre 1495, je ne trouve plus rien de Behaim jusqu'en 1506, qui est l'année de sa mort. Il faut que depuis cette époque il n'ait plus entretenu de correspondance épistolaire; ayant alors reçu de sa famille tout ce qu'il pouvoit en prétendre.

L'empereur Maximilien a rendu à Martin Behaim ce témoignage honorable: *Martino Bohemo ne-*

mo unus Imperii civium magis umquam peregrinator
fuit, magisque remotas adivit orbis regiones.

Cependant on continuoit à faire de grandes découvertes. Vasco de Gama doubla, en 1496, le cap de Bonne-Espérance.

En 1499, Don Emanuel (né en 1469, et 'mort en 1521) *auspicatus orientis conquisitionem.* Vascum *Gamam, expeditioni, classique summa cum potestate praefecit,* etc. 1).

Vincent Yanès Pinzon avoit déjà fait, le 24 janvier 1500, la découverte du cap *da Consolaçaon* ou de Saint Augustin; et peu de temps après celle de l'embouchure du Maragnon, autrement appellé la rivière des Amazones 2).

1500. *In secunda deinde expeditione,* Petro Alvaro Caprali *praefecto patefacta ex occursu est Sanctae Crucis terra, quae vulgato nomine appellata Brasilia* 3).

---

1) P. Antonii Vasconcelli, *S. J. Anacephalaeoses, i. e. summa capita actorum regum Lusitaniae.* Antv. 1621. 4. *fig.* pag. 265.

2) Voyez P. Emmanuel Rodriguez, *S. J. Relacion del Marannon y Amazonas.*

3) Vasconcellos *Anacephalaeoses,* etc.

Cabral découvrit le Brésil le 24 avril 1500 1).

Le roi Don Emanuel fit partir Améric Vespuce, en 1501, pour aller faire de nouvelles expéditions dans la mer du Sud. Ce navigateur eut le bonheur de faire, le premier avril 1502, la découverte de la côte de la province connue aujourd'hui sous le nom de *Terra Firma*. Suivant les meilleurs historiens, ce furent Rodrigue de Bastidias et Jean de la Cosa, qui, en faisant voile directement vers l'Ouest, arrivèrent les premiers à la côte de Paria, et suivant toujours la même direction, découvrirent la province de *Terra Firma*, depuis le cap Vela jusqu'au golfe de Darien. Il est vrai, que Vespuce prit, sans le savoir, la même route, et fit les mêmes découvertes, mais ce ne fut qu'après les deux navigateurs, que nous venons de nommer 2).

1) Barros, *Dec. I, Lib. IV, cap. 2*, Cyr, Morelli, *S. J. Fasti Novi Orbis, p. 10.*

2) Mundus nouus. (Epistola *Alberici Vespucii* ad Laur. Petrum de Medicis.) Aug. Vind. 1504. 4.

Quatuor Americi Vesputii Navigationes; in *Philesii Vogesigenae* Cosmographiae introductione etc. (Metis) 1507. 4.

Paesi novamente retrovati, et novo Mondo da *Alberico Vesputio* Florentino intitolato. In Milano, 1519. 4. En Français à Paris, 1516. 4.

Vita e Lettere di Amerigo Vespucci, Gentilhuomo Fiorentino, raccolte ed illustrate dall' Abbate *Angelo Maria Bandini.* Firenze, 1745. 4.

En 1505 Pierre de Anaya fit connoître le Mo-
nomotapa aux Portugais.

Il paroît, que, depuis son retour en 1493, Martin
Behaim avoit renoncé à toute entreprise nouvelle,
et cela principalement à cause de son âge avancé.
En 1506 il se rendit de l'île de Fayal à Lisbonne,
où il mourut le 29 juillet de la même année 1),
ainsi que cela est prouvé par des pièces authentiques. C'est donc par erreur que cet événement est
reculé au 29 juillet de l'an 1507 sur les armoiries mor-
tuaires que son fils Martin a fait placer, en 1519, à la
droite du grand autel dans le choeur de l'église de
Sainte Catherine, à Nuremberg 2). Martin Behaim
est enterré dans l'église des Dominicains à Lisbonne 3).

En Allemand, à Hambourg, 1747. 8.
Chronica do felicissimo Rey Dom Manoel por *Damiam
de Goës*. Em Lisboa, 1566 — 77. revista por *Joam
Baptista Lavanha*. ib. 1619. fol. ib. 1749. fol.

1) Martin Behaim étoit né au moins en 1436; par conséquent il avoit soixante dix ans lorsqu'il mourut.

2) On lit sur cet écu des armoiries de Behaim: 1507,
Pfintztag. (jeudi) *nach. Jacoby. 29 juli. Starb. der. Gestreng.
und. vest. her. Martin Behaim. Ritter. im kynckreich. Zw.
Portugal. dem. Gott. Gnedig. Sey.* Les armes de son
épouse, de la famille de Macedo, sont un écu tierce-
feuille (*Scutum Trifolinum*) d'argent, portant trois ogoësses
parsémées d'étoiles d'argent.

3) Voyez les pièces justif. N°. V, VI, et VII.

La famille de Behaim possède un ancien portrait de Martin de Behaim. Un autre portrait en pied, moins ancien, porte cette inscription: *Martinus Bohemus, Noriberg. Eques, Serenissimorum Johannis II. et Emanuelis, Lusitaniae Regum Thalastus, et Mathematicus insignis. Obiit 1506. Lisabonae* 1).

1) Doppelmáyr a mis le portrait de Martin Behaim sur la mappemonde qu'il a donnée de son globe dans son ouvrage Allemand, intitulé: *Nachricht von Narenbergischen Mathematicis und Kuenstlern, Tab. I.*

PIECES JUSTIFICATIVES.

I.

1 4 7 9.

† *IHS* 1479 adj 8 Zugno zu Antorff im
Marckt Jm Niderlandt bey fritz Heberlein von Nurenberg. *Maria.*

Mein Vntterdenighen Wiligen Dinſt Vnd frewntlichen gruoſſ zu allenzeiten Bereit Lieber Vetter
Dein wolmogen vnd Geſuntheitt hortt ich altzeit
gern von dir ſagen. Lieber Vetter nach dem vnd
ich dir in der nagſten Faſtenmeſſe zü franck-
ffort verſchrib wie ich von der Mutter wegen 300
Gulden bar hatt entphangen die mir bartolmes von
eib dar auſſgerichtt hatt, So wiſſ lieber Vetter daſ
ich vnd mit ſambtt dem geltt woll in das Nider-
landtt kommen bin, Gott der almechtig hab lob
vnd ich hab mit Hilff deſ almechtigen Gottes ſolchs
geltt allbs im bergner Marck an gute weiſſe engelſche
tucher gelegtt, nach Radt vnd vntterweiſung di mir
Partolmes von eib zu franckfortt thett etc.

datum zu Antorff in Brabant am Ertag vor
vnſers lieben Fronleichnams tag Anno Jm
LXXIX Jar.

Martin Beheim
dein Vetter.

Dem Erbern weiſen Lionhart Beheim meinem Lieben
Vettern zu Nürmberg.

II.

1485 adj 18 Febrer auf einen Freitag Jn Portü-
gal Jn der ſtadt albaſſauas Jn ſandt ſaluators kirchen
nach der tag mes wartt ritter geſchlagen M. B. von
Nurmberg von der Hand des Groſmechtigen Konig
Hern Johannſe des andern von Portigal, vnnd Konig von algarbia vnnd Konig in affrica vnd Konig in
Genea, unnd ſein totten darzu was des Konig ſelb
der Jm vmbgürtett ſein ſwertt, vnd der Herzog von
begia der ander dot der im vmbgürtet den rechten
ſporn, vnnd der drit dode der graue criſtoffel de
melo des conicks vetter gurtet Jm den linken ſporn,
vnnd der virt dott was der Graff Fernando Martinſ
Maſkarinis der den ritter den renhut auff ſezett
vnnd Jn wapet vnnd der Konig der Jn ritter ſchlug
dis geſchah Jn beibeſen (Beyſeyn) aller furſt vnnd
ritterſchaft vnnd der Kongin.

III.

— — *Mer leſt du mich vvyſſen, vvye das meyn
pruder merthein noch zu Nurmbergk ſey, vnd ſey nock
ym Havvs etc.*

IV.

YHus 1494 adj 11 Martzo Jn Brabant bej.

Mein frewntlichen gruſſ vnnd willigen dinſt mit
ſambt allem gutten das Jch vermag Lieber Vetter

das es dir mit fambt den deine vnnd meine Gefwi-
ftergten wol ging vnnd gefunt wert das wer mir ein
funderling Frewdt zu hörn. Lieber Vetter Jch main
Euch allen fey wol wiffent das Jch in dem Jar ver-
gangen wol got hab def Lob mit Leib vnnd allem
meinen Gutt vber mer kommen bin Jn portogal
vnnd Jn vns (unser) Landt zu meinen lieben Herrn
Schweher vnnd allén den vnfern welche bej der
Gracien Gottes Jch allen Jn gutten Püntten (Um-
ständen) funden hab. Nun Jn defen Jar bin Jch
wiederomme vom Konig hier in Flandern züm Konigs fun hier gefchigt worden Jn welcher reif auff
dem mer Jch gefangen wurdt vnnd in engelandt ge-
füret mit fambt mein dinern allem Zergelt des lecht
160 gulden wart behalten bej iij monadt omme (wegen) des Jungen Konigs von engelant der ytzt bei
dem romfchen Kongk ift omme (deswegen) das man
Jn hier hauft und hoft etc. Jn welcher Zeit ich febres vercregh (bekam, kriegte) vnd zwir (zweymal)
dj kertz Jn der hant het omme zu fterben etc., vnnd
nach dem Jch frifch wurdt het mich ein merauber
heimlichen allein int Jn franckreich auff ein nacht Jn
feinem fchiff weck gefurtt. Jch wer gefchacht worden vmb vil gutes aber got hab lob Jch bin wol ont-
gangen (entgangen) mit cleiner Koftung vnnd febres
haben mich von den genaden def almechtigen fchir
(bald) verloffen vnd vermain ob got wil zwifchen
oftern vnd pfingften wider heim fo paldt vnfer
Zucker von meinen her fwecker hir bezalt wirt etc.
Furpas meiner gefchwiftergt halben zweifelt mir nit

Du kereſt alding zum allerpeſten vnnd halt, ſ ſein
dir gefolgig vnnd es wer gegen dir vnd deinen
der tag eins erkant Jn allen gutten Jch bit dich zu
laſſen gruſſen dj zwo ſchweſter Jn cloſtern auch all
mein geſchwiſtergt und ſchwager. Jch hab noch nit
ſchrift von Jn gehabt doromb weeſt ick auff dj Zeit
kein antwurt bis auff den negſten potten. Deinem
Weib mutter vnd allen deinen kindern wünſch Jch
Hail vnnd gelückſelickeit vnd vns allen, datum am
dinſtag noch Letare Jheruſallem anno 1494.

Ob mir ymat ycht (*jemand vielleicht*) wolt ſchreiben der mag dj briff beſtellen des Konigks von portogals factor hie zu antwerp oder hir zu brüg der
ſol mir ſie Jn vns lant wol beſtellen vnd die vber-
ſchrift der brieff an mich müſſen Jn latein Sein alſo
*Dño Martino Boheimo Militi, Jn Vliſbona alemano,
regni portogalie, genero capitanij Inſularum azores
faial et pico et Inſularum flemengorum vbi vbi ſit etc.*
ſo werden ſie mir geantwurt bej dem factor alle
monat wan der factor wondt neben der Velj hauſ
zu antorff. Alſo durch der Velj diner zu antorff
mogen mir Eur briff wol beſtelt werden ob mir
Ymat Jcht (*jemand vielleicht*) ſchreiben wurd. hir-
mit ſo ſej det almechtig got mit Euch allen.

*Mertein Beheim zu deinem
Dinſt alzeit berejt,*

Item.

Lieber Vetter. Nach datum diſſes brieffs ſo
moſt Jch Eylantts (*eilends*) gen portigal alſo das

.mir diſſer belib Vnd Jch Jn mit mir wegk furtt, alſo pin Jch anderwerff Jn portogal wol kommen got lob zu meinem ſchweche (*Schwehgr*) vnnd biſ auff pfingſten weꝛt Jch do bleiben wilt Gott. Doctor Jeronimus wirt euch allen wol ſagen wie daſ Es mit mir Stedt gruſt mir alle geſwiſtergit. Sag Vlrich Fütterer, Jch biꞇ Jn das er mir ſchreib gen Jenua von dar wirt man mir gen Vlixboa dj briff Jn di ilha de madera wol beſtellen vnd alſo fortt Jn dj ilhas dos azores vnd gruſt mir Jn fleiſſiglich and laſt mich wiſſen an wen Jch zu Jenua ſol ſchreiben das dem futterer mein briff mogen weren Vnd Jn welche gaſſe vnd wie der man haiſt. hiermit ſej got mit Euch allen. Amen.

Dem erbrigen vnd vveiſen Michel Beheim Seniori meinem lieben Vetern.

Zu Nurmberg an der Ziſtelgaſſe.

V.

Der Sachen mit Merteiꞇ Beheim kan Jch für mein perſon nit peſſern, vvir müſsen ſolchs und anders Got bevelhn, Jch het gern vviſſen vvie es mit ſeim vveib. Sun, vnd Jren freunten ſtet vnd vvo dy ſein, auch vvꞇr di ſind.

VI.

Item lieber Jorg. Jch hab euch vormalf mer gefchrieben daff Merta B. mein Bruder auf fein Ab-
fterben dem Reynolt Nicò, zuv Lifbona voonhaft
15 gulden Crofaten ift fchuldig bliben, voollet Seim
Sult anzeigen, daf er zufriden geftelt voerde, er
mag folch gelt vool aufpringen etc.

VII.

Wo folcher Euer Bruder feliger Wolff Beheim
begraben lickt, hab ich annzaigt Euern Vettern Mert-
ten Beheim 1); lickt (liegt) a fanta Maria de conception ift ein faft berumpt vnnd vooll gezirt Gotts Havvf
darin all tag grof devotion gefchicht vnnd funderlich
do vonn thevvtzfchen. Lickt mitten in der Kirch vnnd
ob fein Grab ift ein gröffer preytter alter ftein ift
aber, nichts dar auff vonn Jn gefchriben fo Jr Ein
evvig gedechtnif dar auff vonn metall lieft zvv
Nurnberg machen muft di Gefchrifft Lateynifch fein,
vnnd nebft Jm Jnn denfelben Grab lickt paulus Im
Hoff, denn Gott alln gnedich fey.

Aber Martein Behem feligen der lickt Jn einer
Kirch heift a fant Dominico, ift ein prediger klofter

_____

1) Adj 20 Marzo A. 1507. Samftag Vigilia benedictj
ift Wolfgang Behaim Seliger verfchiden zvv Lisbona ligt
mit fampt dem Vlrich Imhof A Santa Maria Conceptionis
Jn Mittel der Kirchen. Requiefcat in Pace.

folichs vvirdt Euch Euer Vetter Merten Behem Zeicher diefes Briffs auch vvoll vnnder richten.

— — Auch fo hat folicher Euer Vetter Merten hie fein teftament gemacht, und faft ein frummen Man gnomen zvv feinen factor zvv thun vnnd zvv laffen etc.

TRADVCTION.

I.

1 4 7 9.

TRADUCTION.

I.

1 4 7 9.

† *IHS* 1479 le 8. Juin à Anvers, à la foire dans les Pays-Bas chez François Heberlein de Nuremberg. *Maria.*

Mes très humbles offres de services en toute occasion, et salutations amicales. Mon cher cousin. J'ai toujours appris avec plaisir des nouvelles de ton bien-être et de ta bonne santé. Cher cousin, comme je t'ai écrit pendant la dernière foire de Pâques de Francfort, que j'avois reçu de la part de ma mère 300 florins comptant, qui m'ont été remis par Barthélémi d'Eib ; tu dois savoir, cher Cousin, que Dieu soit loué, je suis heureusement arrivé dans les Pays-Bas avec cet argent, et qu'avec l'assistance du Toutpuissant j'ai employé tout cet argent à la foire de Bergen-op-Zoom en bons draps d'Angleterre

d'après le conseil et les renseignemens que Bar‑
thélémi d'Eib me donna à Francfort.

Fait à Anvers, la veille de la Fête‑Dieu l'an
LXXIX.

Martin Beheim

ton cousin.

A l'honorable et sage Léonard Béheim mon cher
cousin à Nuremberg.

II.

Vieux billet, mais qui n'est pas de la main de
Martin Béhaim.

1485 le 18 Février, un Vendredi en Portugal,
dans la ville d'Albassauas 1) à l'église de Saint

---

1) C'est ainsi que dit l'original, et non pas *Allasavas*
comme on lit dans *Doppelmayr*. *Gebauer* dans son Histoi‑
re du Portugal, pag. 124, croit que c'est la ville et le cou‑
vent *Alcobaça* qui a 190000 Crusades de revenus annuels.
Ce n'étoit pas l'ordre des Saints Apôtres Jean et Thomas,
dont la signe est une croix rouge au milieu de laquelle on
voit les images de St. Jean et de St. Thomas sur un écusson
rond; mais c'étoit incontestablement l'ordre du Christ,
que Jean XXII. confirma en 1319. Le signe de cet ordre
est une croix rouge, bordée de blanc et pendue à une triple
chaine d'or. *Postmodum Milites Ordinis Jesu Christi Crucem
rubram, linea candida intersecante distinctam, adsumserunt.*
Gasp. Jongelin. de Origine ordinum equestrium Militiarum
Ordinis Cisterciensis, pag. 9, 10. Le Roi Denis le juste
le fonda en 1319 des débris de l'Ordre des Templiers. Voyez

Salvador et après la grande messe M. B. de Nurmberg fut fait chevalier de la main du Très-puissant Roi Seigneur Jean second de Portugal et Roi des Algarves, et Roi en Afrique, et Roi en Guinée; et ses parrains pour cet acte furent le Roi lui-même, qui lui ceignit son épée, et le Duc de Begia 1) son second parrain qui lui mit son éperon droit, et le troisième parrain le comte Christophe de Mélo, cousin du Roi 2) lui mit l'éperon gauche, et le quatrième parrain fut le comte Fernando Martin Mascarenhas 3), qui mit au chevalier le casque 4), et l'arma, et le Roi qui le créa chevalier. Tout cela fut fait en présence de

Alexander Ferreira Memorias e Noticias historicas da celebre Ordem militar *dos Templarios* na Palestina, para a historia da admiravel Ordem de nosso Senhor Jesu Christo em Portugal. Em Lisboa, 1735. 4. 2 Vol.

Definiçoens e Statutos dos Cavalleiros da Ordem de nosso Senhor Jesu Christo, com a historia da origem e principio de ella. Em Lisboa, 1661. fol. ib. 1717. fol.

1) Dans la suite Roi *Emmanuel*.

2) Ce Seigneur étoit peut-être le frère ou le cousin de *Roderic de Mello*, comte d'Olivenza dont la fille et héritière *Philippina* étoit l'épouse du comte Alvare de Textugal.

3) *Ferdinand Martinius Mascarenius*, fameux général duquel *Marchio Alégretensis* fait mention. *Gebauer.*

4) *Helm. Doppelmayr* et tous les autres ont tort quand ils disent *eisern Hut*, pour *Rennhut*.

tous les princes et de tous les chevaliers, et de
la Reine 1).

III.

Extrait d'une lettre de *Wolf Béhaim* à son
cousin le Sénateur *Michel VII. Béhaim* à
Nuremberg, datée de Lyon du 22 Novembre 1491.

— De plus tu me fais savoir, que mon
frère Martin est encore à Nuremberg, et qu'il est
encore à la maison de la famille, etc.

IV.

YHus 1494 le 11 Mars, dans le Brabant
chez 2)

A mon cher Cousin salutation amicale et dé-
vouement empressé, ainsi que tout le bien qui
est en mon pouvoir. J'ai appris avec un singulier
plaisir que tu vis heureux et bien-portant aussi
bien que tes frères et soeurs et les miens. Cher
Cousin, je pense qu'aucun de vous n'ignore que,
Dieu soit loué, je suis arrivé l'année passée heu-

1) Ils disent tous faussement des *Kunige* (du Roi).

2) Il paroit qu'il vouloit encore ajouter quelque chose;
peut-être: chez *Velj*, à Anvers. Voy. 4e Nr. IV.

reusement quant à ma personne et avec tout mon
bien, au delà de la mer en Portugal et dans
notre pays chez mon cher beau-père et tous nos
chers parens, lesquels j'ai tous trouvé dans une
bonne situation. Eh bien cette année j'ai été ren-
voyé par le Roi ici en Flandre auprès du fils du
Roi 1) qui est ici, dans lequel voyage j'ai été fait
prisonnier sur mer et transporté en Angleterre
avec mes domestiques et mon argent, qui pouvoit
bien se monter à 160 florins, et gardé près de
trois mois à cause du jeune Roi d'Angleterre 2),
qui est actuellement auprès du Roi romain 3)
et il demeure actuellement ici. Pendant ce temps-
là j'ai eu la fièvre et j'ai tenu deux fois le cierge
en main (pour attendre l'extrême onction) croyant
mourir etc. Et après avoir été retabli, un pirate
m'a mené une nuit sécrétement tout seul sur son
vaisseau en France. On auroit pu me faire per-
dre beaucoup de mon bien; mais, Dieu soit loué,
je m'en suis tiré à peu de frais, et par la grace

1) Chez *George*, fils naturel de *Jean II*, au sujet duquel
Pierre Martyr écrivit le 7 Dec. 1494: *Nescio, an Bracha-
rensis Archiepiscopus qui Portugalius est, ignorat, Johannem
Regem Portugaliae obiisse coronatumque fuisse non Georgiam,
quem Rex uoluisset, Regis spurium, sed Eumanuelem, Regis
sororium*, etc. Opus Epistolarum Petri Martyris Anglerii
Mediolanensis, Protonotarii Apostolici; epist. 146. pag. 81.
Amstel. 1670 fol.

2) *Henri VII.*

3) *Maximilien I.*

du Tout-puissant, la fièvre m'a presque quitté, et
si Dieu le veut je compte retourner chez moi
entre Pâques et Pentecôte, aussitôt que notre sucré
de mon beau-père sera payé ici. Quant à mes
frères et sœurs, je ne doute pas, que tu ne tour-
nes tout à bien; j'espère qu'ils se montreront do-
ciles et qu'ils reconnoîtront un jour tes soins par
toutes sortes de bons procédés envers toi et les
tiens. Je te prie de saluer de ma part mes deux
sœurs 1) qui sont au couvent, ainsi que tous mes
autres frères, et sœurs, et mon beau-frère. Je n'ai
pas encore reçu de ses lettres; je n'ai donc aucune
réponse à lui faire avant le départ du premier
messager. Je souhaite toute sorte de bien et de
bonheur à ta femme, à ta mère et à tous tes enfans ainsi qu'à nous tous. Daté Mardi après Létare
Jerusallem, l'an 1494.

Si quelqu'un veut m'écrire à présent, il pourra
adresser ses lettres au facteur du Roi de Portugal
qui est ici à Anvers ou à Bruges, il aura soin
de me les faire parvenir dans notre pays. Les
adresses des lettres qu'on m'écrit doivent être en
latin, de la manière suivante: _Dño Martino Boheimo Militi, Jn Vlishona alemano, regni portogalie, genero capitanij Insularum azores faial et pico
et Insularum flemengorum vbi vbi sit etc._ Elles me

1) Anne Schopperin à Ste. Claire, et Elisabeth Behaim,
Dominicaine à Ste. Cathérine.

seront envoyées par le facteur à peu près tous les mois; le facteur demeure près de la maison de Velj à Anvers. Par cette manière vos lettres me seront exactement remises par les commis du Velj, si quelqu'un veut m'écrire à présent. Je finis; le Tout-puissant soit avec vous.

Martin Beheim, *dévoué toujours*
à te rendre services.

Item.

Cher Cousin. Après la date de cette lettre je fus obligé de partir au plus vite pour le Portugal, ensorte que cette lettre me resta, et que je l'emportai avec moi. Je suis donc, Dieu soit loué, encore heureusement arrivé en Portugal chez mon beau-père, et s'il plait à Dieu je resterai là jusqu'à la Pentecôte. Le Docteur Jérôme 1) ne manquera pas de vous donner de mes nouvelles; saluez mes frères et soeurs. Saluez aussi Ulrich Futterer 2). Je le prie de m'écrire à Gènes, de là on me fera parvenir sa lettre par Lisbonne, jusque dans l'île de Madèra, et de là aux Isles Açores. Saluez-le au mieux, et faites moi savoir à qui il faut que j'adresse mes lettres à Gènes, (pour que Futterer les reçoive) dans quelle rue demeure cette person-

1) Peut-être *Jérôme Monetarius*, ou *Münzer* de Bamberg, Docteur en Médecine, mort à Nuremberg en 1506 ou 1508.

2) C'étoit le beau-frère de *Martin Beheim*. Il mourut en 1524.

ne et comment elle s'appelle. Je finis, Dieu soit avec vous tous. Amen.

A l'honorable et sage Michel Behaim l'aîné, mon très cher Cousin.

A Nuremberg dans la Zistelgasse.

V.

Extrait d'une lettre du Sénateur Michel VII. Behaim, à son Cousin *Wolfgang Behaim* à Lisbonne, du 30 Janvier 1507.

Pour moi je ne saurois améliorer les affaires de Martin Behaim. Il faut nous en remettre à Dieu ainsi que pour d'autres choses. Je voudrois bien savoir des nouvelles de sa femme, de son fils et de leurs parens, où ils sont et ce qu'ils sont.

VI.

Extrait d'une lettre de Mr. *Michel IV. Béhaim* à *George Pock*, facteur de la Maison de Hirschvogel à Lisbonne, du 12 Novembre 1518.

De plus, mon cher George, je vous ai plusieurs fois écrit précédemment que Martin Behaïm mon frère est resté redevable en mourant de quinze Cruzades d'or à Reynold Nico, établi à Lisbonne. Je vous prie d'en avertir son fils afin qu'il le satisfasse. Il pourra bien trouver cet argent etc.

On voit par une autre lettre de la même main du 16 Décembre 1518, que Martin Béhaim le père se fit faire entier payement par sa famille et qu'il lui en donna quittance.

VII.

Extrait d'une longue lettre de *George Pock* de Lisbonne à *Michel IV. Behaim*, en date du 25 et 30 Mars 1519.

J'ai donné notice à votre Cousin Martin Behaim, où votre frère défunt, Wolf Behaim, est enterré 1). Il a été déposé à Ste. Marie de la Conception qui est une très célèbre Eglise richement décorée, où un grand nombre de personnes et surtout d'Allemands viennent tous les jours faire leur dévotion. Il repose au milieu de l'Eglise et on a posé par dessus son tombeau une grande pierre large; mais on n'a encore rien gravé sur cette pierre de ce qui le regarde. Si vous vouliez faire faire à Nuremberg à sa mémoire un monument en bronze, pour être placé dessus, il faudroit que l'épitaphe fût en latin. A côté de lui repose dans le même tombeau Paul Imhoff, auxquels Dieu fasse grace.

1) Le 20 Mars 1507, Samedi *Vigilia Benedicti* feu Wolfgang Behaim est décédé à Lisbonne. Il a été déposé auprès d'Ulric Imhof à Ste. Marie de la Conception, au milieu de l'Eglise. *Requiescat in pace.*

Mais feu Martin Behaim répose dans une Eglise appellée de St. Dominique, qui est un Cloître dés péres Prédicateurs. Vous apprendrez tout cela par Martin Béhaim votre cousin, qui vous présentera cette lettre.

— — Le même, votre cousin Martin, a fait aussi son testament ici, et il a nommé pour son exécuteur testamentaire un homme d'une grande probité, auquel il a donné plein pouvoir.

VIII.

Deux Lettres d'intercession du Sénat de Nuremberg, (du 7me Juin 1518, et du 12 Mai 1520) pour le fils de *Martin Behaim*. Du mémoire original, revu par *Lazare Spengler*, greffier du Conseil.

INSCRIPTION.

Serenissimo et Excelso Domino, Domino Emanueli Portugaliae et Algarbiarum Regi, cis et ultra Mare in Africa, Guineae, ac Nauigationis in Aethiopia, Arabia, Persia, et India, Domino nostro gratioso etc.

Serenissimo et Excelso Principi Domino *Emanueli* Portugaliae Regi dignissimo, humiliter se commendat Senatus Nurmbergensis Serenissime Rex. Intelleximus a Consenatore nostro *Michaële Behaim* nec non aliis eiusdem familiae et agnatio-

nis Viris honestis, quemadmodum *Martinus Behaim*
quondam *Martini Behaimi* Vlixabone degentis, Con-
senatoris nostri fratris, legitimus filius in carceri-
bus Vlixabone. detineatur, quoniam necessitate
coactus uim ui repulerit, quemadmodum ipse ma-
nifeste probare ac docere possit, ac alium' quen-
dam, qui sine causa ipsum interficere conabatur,
occiderit. Ideo humiliter nos rogauit, ut Litteris
ac precibus nostris apud Serenitatem Vestram be-
nigne intercederemus. Quapropter ut tam ipsi
quam praedictus Captiuus nostram sentire, possint
intercessionem, Serenissimae Maiestati Vestrae notum facimus, familiam *Bohemorum* in Ciuitate nostra Nurmbergensi ultra ducentos annos honestissi-
me et egregie perdurasse, qui eiusdem Captiui
maiores semper Nobiscum, instar aliorum honestis-
simorum Ciuium honorifice, grauiter et praeclare
habitarunt ac officia Ciuitatum et Senatus nostri
una cum aliis assidue gubernarunt, armis praeterea talibus usi sunt, quemadmodum Serenitas ue-
stra ex pictura hac inclusa cernere poterit. Sci-
mus praeterea *Martinum Behaim*, patrem praedicti
captiui post Patris sui mortem ad Clarissimum
Portugaliae regnum profectum esse, et ibi mora-
tum habuisse, filiamque domini *Iodoci de Hurter*
Domini de Habruck Capitanei, nomine *Iohannam
de Macedo* in legitimam uxorem duxisse, ex eaque
anno octuagesimo nono praedictum *Martinum Bohemum*, nunc detentum, genuisse, quemadmodum
nobis notum fecere agnati illius, ac oblato Chiro-

grapho plane ostenderunt. Qua propter eo plus in fauorem predictae honestae familiae ac apud Serenitatem Vestram ob *Martini* Captiui liberationem omni nisu intercedere sumus inclinati. Cum igitur minime dubitemus Serenitati Vestrae plane constare, quo pacto *Martinus Behaim*, captiui illius pater, et apud Celsitudinem Vestram, et illius Serenissimos Praedecessores tam in Portugaliae Regno quam aliis locis multis se gesserit annis, ibique uitam cum morte mutauerit, ob quas causas tanto magis Serenitatem Vestram ad relaxandum Captiuum inclinatam esse speramus, Serenissimam Maiestatem Vestram obnixe etiam atque etiam rogamus, ut illa dignari uelit tam ob praedictas caussas, quam ob splendorem familiae illius et captiui innocentiam nostrasque preces, eundem in gratiosa habere commendatione, ita ut a uinculis liberari et Clementiam Serenitatis Vestrae experiri ualeat, pariter et Patris sui longas ac fideles seruitutes nostramque Intercessionem sibi usui fuisse sentiat; quae res ut Serenissimae Maiestati Vestrae digna, ita nobis erit gratiosissima dabimusque operam, ut quibus modis possimus Maiestatem Vestram semper demereamur. Datum Nurmbergae, septima die Mensis Iunii, Anno 1518 1).

Senatus Magistratusque
Nurmbergensis.

1) Cette Lettre ne fut pas présentée au Roi, mais la suivante.

IX.

Aliae Litterae interceffionales, ad eumdem Regem. 1520.

Serenissime et excelse Rex. Excellentiae Vestrae Regiae offerimus obsequia nostra paratissima. Gratiosissime Princeps, qui has reddit litteras *Martinus Behaim*, quondam domini *Martini Behaim* Equitis aurati in Vlixbona filius legitimus, illius patruus *Michael Behaim* collega noster et reliqua honestà sua cognatio exposuere nobis, praedictum *Martinum Behaim* superiori Anno ex Vlixbona nauigasse in Germaniam uenisseque Nurembergam ad agnatos suos eos cum reliquis cognatis visitandi, agnoscendi, ac cum ipsis amicitiae constituendae gratia. Verum cum nunc proponat Vlixbonam reuerti et in Lusitanorum Regno commorari, rogauit Nos, cum cetera Cognatione, se Celsitudini Vestrae Regiae diligenter commendari, unde in illius fauorem Maiestati uestrae reuerenter significamus, Genus hoc Behaim egregium, honestum, opulentum supra ducentos annos habitasse Ciuitatem nostram Nurembergam, quin praefati *Martini* Maiores et proaui, sicut et reliqui nostri praestantes Ciues semper laudabiliter et eximie se gessere, Munera publica et dignitatem etiam Senatoriam continuo et cum laude obiere, nedum de Reditibus suis feudalibus uixere, sed et, ut autenticis Instrumentis edocti sumus, Iurisdictiones et dominia foris possederunt atque administrarunt. Armis et Insigniis his inclusis, quae Celsitudo Vestra, ex pictura deprehendere potest, semper usi. Constat praeterea praefatum dominum *Martinum Beheim*, post mortuum parentem commigrasse, ac habitasse Portugaliam, et sicut cognati asserunt, et Chirographus eius quem habemus, testatur, filiam domini *Iodoci de Hurter* equitis, domini de Habruck Capitanei, nomine *Ioannam de Macedo* in legitimam uxorem duxisse, ex eaque dictum *Martinum Beheim* genuisse, unde tanto magis inclinamur, egregiam hanc cognationem in omnibus, quae ipsis *Martino* et suo Agnato, prodesse possunt, apud Excellentiam Vestram regiam promovere. Cum insuper non dubitemus, Celsitudinem Vestram non latere quemadmodum saepe dictus dominus *Martinus Beheim*, huius pater, in Regno Portugaliae et alibi ad commodum regni multis annis obsequenter se habuerit et ibi mortem obierit, et inde Excellentiam Vestram, uota sua quae ubi commodum fuerit exponet, tanto gratiosius prosecuturam. Rogamus Maiestatem nestram obsequentissime, dignetur intuitu precum Nostrarum, et quos diximus clarorum natalium, ipsum gratiose habere commendatum quatenus has litteras Nostras et paterna obsequia intelligat sibi plurimum profuisse. Nos mutuo dabimus operam, ut id seruitiis Nostris paratissimis omni sedulitate erga Clementiam Vestram mereri Nobis liceat.

9 *

Datum Nurmberga duodecimo Maii, Anno domini M. D. XX.

X.

Aus Fürbitt und Beger des Fürfichtigen Erbarn und Weifen, als der oberften Haubtleut der
Loblichen Reichsftat Nurnberg, die dan zu diefen
Zeiten, regirt haben, mit Nahmen. Hl. Gabriel
Nutzel, Hl. P. Volckamer, und Hl. Nicolaus Groland, ift diefe Figur des Apffels, gepracticirt vnd
gemacht worden aus gunft, Angebung vleys durch
den geftrengen u. Erbar Herrn Martin Behaim
Ritter, der fich dann in diefer Kunft Cosmographia viel Erfahren hat, und bey Einen drittel der
Welt umfahren. folches alles mit Fleifs aufgezo-
gen aus den Büchrn Ptolom: Plinii, Strabonis,
und Marco Polo u. alfo zufamm gefügt alles Merr
u. Erden, jeglichs nach feiner geftalt vnd form,
folches alles dem Erbarn Georgen Holzfchuer von
Rahtswegen, durch die gemelte Hauptleuthe be-
fohlen worden ift, darzu er dan geholffen und
gerahten hat, mit möglichen Fleifs, folche Kunft
und Apfel ift gepracticirt vnd gemacht worden,
nach Chrifti geb. 1492. der dan durch den gedach-
ten Herrn Martin Beheim gemainer Stadt Nürn-
berg zu Ehren und Letze hinter ihme gelaffen
hat, fein zu allen Zeiten in gut zu gedencken;
nachdem Er von hinen wieder heim wendet, zu
feinem Gemahl, das dann ob 700 mail von hinen

ift; da er haufs hält, vnd fein Tag in feiner In-
sel zu befchliellen, da er daheimen ift.

Es ift zu willen, dafs in diefer gegenwärtigen
Figur des Apffels, ift aufsgemellen die gantze
welt, nach der Läng und nach Braite, nach der
kunft Geometria, als uns Ptolemeus in feinen
buch genant Cofmographia Ptolomaei gefchrieben
hat, das ain Thail, und darnach das übrige der
from Ritter Marco Polo von Venedig der in Orient
gereift hat, Anno 1250 aufgefchriben hat gelallen,
auch fo hat der würdig Doctor u. Ritter Johann
de Mandavilla A. 1322 auch ein buch gelallen, das
nemblich die unbekandē Land Ptolomaej in Orient
liegen, mit famt den Infeln dafelbften, an Tag
gebracht haben; von dannen uns die Specereyen
Perlein und die Edelgeftein zugeführt werden.
Aber der Durchleuchtig König Don Iohann von
Portugal hat das ubrig Thail dafs Ptolomaeo, noch
nit kundig gewellen ift, gegen Mittag lallen mit
feinen Schiffen befuchen Año dni 1485. darbey
Jch der diefen Apffel angegeben hat, gewefen bin.
Gegen Untergang ift das Meer Oceanus auch durch-
fahren über die Schrifft Ptolomaei und die Säul
Herculis, bis in die Infell dos Azores Fajal und
Pico, die von dem Edlen und Veften Ritter Hern
Jobften de Hürter von Morkirchen mit feinen
volck aus Flandern, das Er geführt, diefelbe In-
fel bewohnt mein lieber Schwer, und befizzt
vnd regirt difelbe und der weiten orth der
Welt gegen Mitternacht end tramentana über die

fchrift Ptolomei Eysland Norwegen und Ruſſen
uns auch jetzt kundig iſt, und man jarlich dahin
fchifft daran doch niemand zweifeln ſoll, wiewohl
die Welt ſimpel iſt, das man juſt uberal mit Schiffen fahren oder gehen mag, wie hie ſteht.

Dieſe Inſeln wurden gefunden mit den Schiffen die der Konig aus Portugal ausgeſchickt zu
diſen Porten des Mohrenlandes A. 1484 da war eitel. wildnus und kein Menſchen funden wir dar,
dañ Waldt und Vögel, da ſchickt der könig aus
Portugal nun Jährl. ſein volck dahin, das ſonſt
den Todt verſchuldet hat, man und frawen, und
gibt Jnen damit ſie das Felt bauen und ſich neh-
ren, damit diſs Landt von den Portugaleſen bewohnt würde.

Item in diſer gegent iſt Sommer als wir in
Europa wintter haben. vnd alle vogel vnd thier
ſind anders geſtalt, dan die vnſern. hie wechſt
vil Piſems, den man in Portogal nennet algallia.

Hie wurden geſetzt die Säulen des Konigs
von Portugal. A. Domini 1485 den 18 Jan.

Als man zehlt nach Criſti unſers Herrn Gepurt 1484 Jar lieſe zurüſten der Durchleuchtig Konig Johañ II in Portugal zwey Schiff Caraueli
genannt, gemant, geuictualhirt, u. gewapnet, ver-
ſehen auf 3 Jar, dem Volck und Schiffen war in
Nahmens u. Befehl gegeben auszufahren uber die
Saeulen di Hercules in Africa geſetzet hat, immer
gegen Mittag und gegen den Aufgang der Sonnen,
ſo fern Ihnen möglich were, auch ſo verſahe der

vorgenante Konig die Schiffe mit allerley wahr und Kauffmanfchafft, die zum kauff und zu verftechen auch 18 Roffe mit allen Zeug köftlich geruftet, wurden in den Schiffen mitgefuhrt, den Mohren Königen je einem eins zu fchenken wo uns gut gedeucht, und man gabe uns allerley nufter Speccerey die zu zeigen den mohren, wobey fie verftehen mögten, was wir in ihrem Land fuchen wolten und alfo geruft feyndt fuhren wir aus der Porthen der Stadt Ulifipona von Portugal und fegelten zu der Infel de Madera, da des Portugals Zucker wächft und durch die Infeln Fortunatas und die Infeln der wilden Canarien, funden Mohren Könige denen wir Schenckung thäten, die uns auch wider. Kahmen in das Land, in die Königreich Gambia geloff, da die Paradiskörner wachfen, ift von Portugal 800 teutfche Meiln, darnach in Konig. Furfursland, ift 1200 leuge oder Meilen. dafelbft Pfeffer wächft, den man nent Portogals Pfeffer, auch fern von dannen ift ein Land, da wir Zimmet-Rinden funden wachfen, as wir nun bey 2300 Meilen oder Leugen gefegelt waren von Portugal, kehrten wir wider und am 19 Monath kamen wir wider zu unfern Konig.

Bis an das Ort findt di Portogalifche Schiff kommen, und haben Ir feul aufgericht und in 19 Monaten find fie wieder in ir Land heim kommen.

Cabo Verde.

Es ift zu wiffen, daz Merr genant Oceanus alhier zwifchen den Infeln Cabo verde und' diefem Lañdt. faft gerad vnder fich gegen Mittag fchnelliglich widerlaufft, als Herculefs mit feinen Schiffen hieher gerunnen wafs, vnd alhier den Abfahl defs Möers fah, kert er wider, vnd fetzt die Seul welche durch Schrifft beweift, dafs man merck dafs Herculefs nit ferrer fey komen. dann der difes gefcriben hat, wurt vom Konig von Portogall ferner gefchikht anno 1485.

Infule de Cabo Verde oder Infule Fortunate find gefunden und bewont durch dj Portugalefen A. 1472.

Insule dos Azores vel Catherides (g).

Die obgefchriebene Infeln wurden bewohnt Anno 1466 wan der Konig von Portugal dife Infeln von vleiffiger bydte wegen fy gefchenfckt het der herzogin von Burgund feiner Schwefter mit Namen Frawen Ifabella, und waren in Flandern difsmals grofs Krieg und Teurung, und fchickte die vorgenant herzogin vil Volks Mann und Frawen allerley Handwerck mit fambt Prieftern und was zum Gottesdienft gehört etwen vil fchiff mit haufrath, und was zu dem Veldbau gehöert, zu pauen, aus Flandern Jn die Jnfel, lifs iedem in die zwaj Jar geben wafs fy notturffig fein umb zu ewigen Zeitten in allen Meffen Jr zugedenkhen. Jegliche Perfon mit einem Aue Maria, welcher

Perſonen bei 2000 waren, und mit denen die ſeiter Järlich darkumen ſindt, und ſeiter dariñe ge-
wachſen, dj ſindt vil tauſent worden Anno 1490
do wonten in vil tauſend Perſohnen noch da, von
Teutſch und Flaming angeſeſſen, weliche unter
dem Edlen und Geſtrengen Riter Hern Jobſten
von Hürtter Hern zu Mörkirchen aus Flandern,
meinen lieben Hern Schweher, dem diſe Jnſel
von der vorgenanten Hörzogin von Burgundt Jme
und ſeinen Nachkhumen gegeben iſt, Jn welichen
Jnſulen der Portugaliſch Zucker wechſt, und die
Frücht zwier in Jar wan daſelbſt nimmermehr
Winter iſt und alle Leibs Narung vaſt wolfeil iſt,
darumb kumen noch Järlich vil Volckhs dar umb
ir Narung da zu ſuchen.

Nach Criſti unſers lieben Hern gepurt 1431
Jar, alſs Regiert in Portugal Jnfante don Petro
wurden nach Notturfft zugeuicht zway Schiff auf
2 Jar geſpeiſſt von den Hochgebornen Jnfanten
don Heinrichen, defs Königs aufs Portogall Bruder zu erfahren wafs do wer hinder ſanct Ja-
cob Fynis Terre, weliche Schiff Alſo geruſt ſe-
gelten alweg nach den Untergang der Sonnen bey
fünfhundert teutſche Meilen zu letſt wurden ſy
ains tags Anſichtig diſe 10 Jnſeln und aufs Landt
trettendt, funden nichts dann Wildtnufs und
Vögel, die waren ſo zam, dafs ſy vor niemandt
flohen, aber von Leutten oder Thieren mit vier
Füeſſen, war von wegen der Wildtnufs kains dar-
khumen zu wohnen, um defswillen die Vögel nit

fcheuh waren, Alfo wurden fy geheiffen Infulen
dos Azores das ift auf Teutfch fo vil als der Ha-
bichen Infeln. und umb welichs willen, der König
von Portugal das ander Jar fchickt fechzechen
Schiff mit allerley zamen Thieren. Und liefs auf
ain Jede Jnfel fein tail thun, umb darzu multipli-
cieren.

Infula Antilia genant Septe ritade (h).

Als man Zelt nach Crifti gepurt 734 Jor als
ganz Hifpania von den Heiden aus Affrica gewo-
nen wurdt, do wurdt bewont di obgefchriben Infula antilia genant Septe. ritade. von einem Erzbifchoff von Porto Portigal, mit Sechs andern
Bifchoffen, und andern criften man vnd frawen dj
zu fchiff von Hifpania dar geflohen kommen mit
Jrem vich hab vnd gut. anno 1414 ift ein Schiff
aus Hifpania vngefert darbei geweft am negften.

Infel St. Brandan (i).

Nach Crifti gepurt 565 Jar kam Sand Brandan
mit feim Schiff auf dife Infel, der dofelbft vil won-
ders befach, und der über fiben Jar darnach wider in fein Landt zog.

Infula feminea und mafculina (bb).

Nach Crifti Gepurt 1285 findt dife zwo Infel
bewont geweft, Jn der ain eitel Man in der andern eitel Frauen, Weliche eins im Jar zufamben

·komen und findt Criften und haben einen Bifchoff.
der ift under den Erzbifchoff von der Infel von
fcoria.

Infel Scoria.

Scoria ift ein Infel gelegen 500 Wellifch Meil
von den zweyen Infeln Mafculina und feminea
Jre Jnwohner findt Criften, und haben ainen Erzbifchoff zu einen Hern. dofelbft macht man guet
feiden Gewandt. Ambra der wechft da vaft vil,
fchreibt Marco Polo im 38. Capitel am dritten
Buch. ·•

Item efs ift zu wiffen, dafs die Specerey die
in den Infeln Jn Jndien in Orienten in manicherley
Hendt verkaufft würdt, ehe fy herauf kumpt In
unfere Lanndt.

Erftlich die Inwohner der Inful genant Jaua
maior die kauffen fy in den andern Infeln, da fy
gefambelt württ, bey ihren Nachpaurn und ver-
kauffen fy in Ir Infel.

Zum andern, die von der Infel Seilan do St.
Thomas begraben ligt, kauffen die Spezerey in
der Infel Jaua und bringen fj in ir Infell.

Zum dritten. In der Infel Ceylon und Seilan würdt fy wider entladen uergolt und verkaufft.
Den Kaufleuten aufs der Infell aurea Cherfonefus
do würt fy entladen.

Zum Vierten. Die Kaufleut der Infel taprobana genant, kaufen und bezohlen die Specerey
dafelbft, und bringens in ir Infel.

Zum Fünften. Die Heyden Machmet gelauffen kommen, aufs dem Landt aden dahin, und kaufens und verzohlens und fürens in ir Lanndt.

Zum 6ten die von Algeyro kauffens und fürens über Möer und fürtters über Landt.

Zum 7. fo kauffens die Venediger und andere.

Zum 8. fo würdt fy zu Venedig wider verkaufft den Teutfchen und verzolt.

Zum 9. zu Franckfurt. Prugk und andern Ortten.

Zum 10. in Engellandt und Frankreich.

Zum 11. fo kummen fy erft in der Kremmer Hendt.

Zum 12. fo von den kreinern kauffens die von den die Spezerey gebraucht würt, dabey foll Jederman vermerkhen die grofen Zoll und den gewin.

Die 12 malen auf die Spezerey geht, und zu mermalen von zehen Pfundten eins muefs geben zu Zoll, darbei zu uerftehen ift, dafs in dem Lanndt, In Orienten faft vil mifs wachfen und wolfeil mufs fein, und das nit Wunder wer man wis fy bey enfs den Goldt geleich. Dis findt die Wortt Mifter Bartolmei Florentini der aufs India kommen was Anno 1424 und Eugenio dem Vierten Babft zu Venedig erzelt, was er in 24 Jaren in Orient gefehen und erfaren hat.

Taprobana Infula.

Von difer Infel fchreibt man unfs vill Edler Ding in den alten Hiftorien, wie fy Alexander

Magno geholffen haben, und gen Rom zogen
findt mit den Römern und Kaifer Pompeio gefell-
fchafft gemacht haben. Dife Infel hat umbfangen
4000 Meil und ift getheilt in Vier Konigreich in
welichen vil Goldtes wechft auch pfeffer. Campho-
ra. Lignum Aloes, auch vil Goltfandt, das Volck
Pet Abgotter an und find grofs ftark Leut und
gut Aftronomi.

Madagafcar Infula.

Die Schiffleüt aufs India da St. Thomas begraben ligt, und aufs dem Landt Moabar genant
faren mit iren Schiffen bifs auf dife Infel genannt
Madagafcare gewonlich in zwainzig Lagen und
wen fi wider haim keren in Moabar, vermögen fy
kaum in drey Monaten haim zu kommen vmb defs
Möers Abfals willen das fo fchnelliglich albeg dafelbft gegen Mittag warz niderlaufft. Difs fchreibt
Marco Polo in feinem dritten Buch im 39 Capitel.

Zanziber Infula.

Dife Infel genant Zanziber hot vmbfangen
2000 Meil. Die hott Jren aigenen Konigk vnd
Ire befunder Sprach vnd die Inwoner petten Abgotter an. find groff leutt gleich wan Jr einer hot
vier vnfer man fterck. vnd Jr ainer ift fo vil als
ander fünf menfchen. fie gin al nacket, vnd find
all fchwarz leut, faft vngeftalt, mit grofen langen
oren, weiten mündern gros erfchrekliche augen,

hend zu virmalen grofser dan ander Leut hend:
Ire weiber find ouch alfo graufam anzufehen wie
die man. dis volck nert sich der datellen milch
reis vnd fleifch: kein wein wechft bey Jn fi machen aber gut tranck von Reifs vnd von Zucker.
grofe kaufmanfchaft gefchicht bej In von ambra
vnd von helfant zenen. Do findt vil helfant vnd
grofs Walfifchs wern bej Jn gefangen vnd leven
vnd leoparden auch gyraffen vnd leonzen vnd vil
andere thier die faft vngeleich vnfern thiren findt.
dis befchreibt vns Marco Polo Jm dritten Puch an
dem xij Capitel.

Seilan Infula.

In difer Infell Seilan findt man vil Edelge-
ftains Perlein oriental. Der Konig difer Infel het
den gröften und fchönften Rubin den man in der
Welt ie gefah, dafs Volkh gehet nackhet man
und frawen, kain Korn wechft alda, dan Reis.
Ir Konig ift niemandt underworffen und betten
Abgotter an. Die Jnfel Seilan hat im Craifs 2400
Meil alfs enfs fchreibt Marco Polo im driten Buch
am 21. Capitel.
Item in vergangenen Jaren fchickht der grofs
Kaifer in Cathay ain Potfchafft zu difen Konig
von Seilan. Lifs an in begern zu haben difen
Rubin fich erpietent grofsen fchaz darfür zu geben. Alfo gab der Konig zu Antwortt wie dafs
difer Stein feiner Vorfahren fo lang geweft wer,
fo ftüendt in ebel an dafs er der folt fein, der

difen Stain dem Landt folt empfrœmbten, der Rubin foll anderthalb fchuh lang fein und ain Spann
brait an alle maekhel.

Infula Jaua minor.

Java minor dife Infel hat umbfangen 2000
Welfch Meil. ynd hat in ir Acht Konigreich und
haben ein befundere Sprach und betten Abgötter
an, do-wechft auch allerley Spezerey. Jn dem
Konigreich Bofsman genant, findt man vil ainhörner helfanten und affen. die Menfchen angeficht
und glidtmafs haben. Jtem wechft kain Korn da,
fj machen aber Prot aufs Reis. an Weinsftat trin-
cken fy fafft der aus Paumen tropft, den man
findt Rot und Weifs. und ift ain redlich guet
getranck, von gefchmackh defs haben fy nach
Notturfft genug in dem konigreich Samara. Aber
in Konigreich genanth. Dageram ift gewonheit fo
ir Abgott fagt, dafs ein kranckher Menfch fterben foll, fo erfticket man den kranckhen bey
Zeit, und die Freundt kochen das Flaifch Irs
krancken freundt, und effen Ine miteinander
mit grofen freudten auf dafs er den Wurmen nit
zuthail werdte, Aber in Konigreich Jambri haben
die Leutt Man und Frawen hinden fchwenz gleich
die Hundt. Do wechft über trefflich vil Specerey
und allerlei Thier alfs Ainhörner und andere. Jm
andern Konigreich Fanfur do wechft der beft Cam-
phor in der Welt den man mit Golt abwigt. dafelbft findt grofs gewachfen Paumen. Da zwifchen

holz und Rinten aufs dem Safft Mehl würdt, dafs
guet zu effen ift, und Marco Polo fchreibt in feinem dritten Buch an dem 16.' Capittel. Er fey
fünf Monath in difer Innfell geweft.

Infula Jaua maior (m).

Item alfs man aufs des grofen Königs in Ca-
thay Landt, von dem Konigreich Ciamba gegen
Orient genant, fährt 1500 welfcher Meiln, fo
kumbt man in dife Infell gefaren, genant Jaua
Maior. Die hat vmbfangen 3000 welfche Meiln.
Der Konig difer Infell ift niemandt underworffen
und peth abgötter an. Man findt auf difer Innfell
Allerley Spezerey alfs Pfeffer, Mufcat, Mufcat Plüet,
Spienart, Galgan, Cubcben, gariofilli. Negel,
Zimeth und allerlei Würz vaft diejenigen, die
man da verkaufft, darnoch aufsthailt in alle Welt,
darum gewonlich vil Kaufleuth dafelbft ligen.

Angama Insula (q).

Im lezten Buch Marco Polo im 16 Capitel
findt man gefchrieben dafs das Volckh in difer
Inful Angama genant hab hundts heupt Augen
und Zähn gleichwie die Hundte, und das es vaft
ungeftallt Leut follen fein und wildt. Wan fy
vaft lieber Menfchen Flaifch effen dan ander
Flaifch, den Reyfs effen fy an Brot ftatt mit Milch
gekocht, fy petten abgötter an, und haben allerley Spezerey faft vil, die bey Inen wachfen und

Frücht, die den Früchten in unfern Landten vaft
ungleich follen fein.

Infel Zìpangu (r).

Diefe Infnl Zipangut ligt in Orient der Welt.
Dafs Volkh afn Landt peth abgötter an. Ir Konig ift niemand underthan. Ir der Infel wechft
übertrefflich vil Goldts, auch wechft do allerley
Edelgefteins, Perlein Oriental. Difs fchreibt Marco Polo von Venedig im 3. Buch.

Marco Polo fchreibt uns im dritten Buch am
42 Capitel, dafs warlich durch die Schiffleuth be-
funden feyen worden, dafs in diefem Indianifchen
Merr ligen mer dann 12700 Infeln die bewont,
findt, und welichen findt vil mit Edelgeftain, Perlein und mit Golt Pergen Andere vol 12 lei Spezerey und wunderlichem Volckh. dauon lang zu
fchreiben.

Hie findt man vil Meer Wundter von Serenen
und andern Fifchen.

Und ob iemandt von diefen wunderlichen
Volckh und felzamen Vifchen im Möer oder Thieren auf dem Erdtrich begert zu wiffen: der lefs
die Bücher Plini, Jfidori, Ariftotilefs, Strabonis
und Specula Vincenzi und vil anderer Lehrer mer.

Do findt man von den wunderlichen Leutten
in den Jnfeln und auf dem Möer von Meer Wun-
dern, und was felzamer Thier auf Erdtreich und
in den Infeln von Würzen und Edelgeftein wachfen.

Infula Candyn.

' Diefe Infel Candyn mit fambt den andern Infulen fo Jaua minor, und Angama und Neucuran,
Pentham, Seilan, mit fambt der hohen India,
Sant Thomas Landt, ,ligen fo vaft gegen Mittag
dafs der Möerftern der in unfern Landten geheiffen würt Polus arcticus, dafelbft nimmer mer mag
gefehen werden, Aber sy fehen ein ander geftirn
geheiffen antarcticus, dafs macht, dafs daffelb
Landt ligt recht Fufs gegen Fufs gegen unfer
Landt über, und wen wir tag haben, fo haben
fy nacht und fo uns die Son undergeht, fo haben
fy Iren tag und das halb thail des geftirns das under uns ift, das wir nit fehen, das fehen fy, dafs
macht, dafs alles dafs die Welt mit fambt dem
Waffer, von rondter formb von Got gefchaffen ift,
fo uns befchreibt Johannes de Mandauilla den
lies in feinen Buch am dritten theil feiner Moer-
fartt.

Neucuran Infola.

Im dritten Buch von Marco Polo am 20 Capittel findet man gefchrieben dafs dife Infel Neucuran genant ligt bey 150 welfch Meil von der
Infel Jaua maior; und in derfelben Infel wachfen
die Mufcatt. Zimeth. Negel vaft vil auch findt
dafelbft Wäldt von lautter Sandelholz und von
allerlei Spezerei.

In difen Infeln wachfen vil Rubin. Smarack-
hen. topaffen und Saffiren, auch Perlein Oriental faft vil.

Infula Pentan.

Als man fegelt, vom Konigreich genant Loach gegen Mittagwarz kůmbt man in dife Infel Pentan, In der grofs Wäldt und von köftlich gefchmakh, das Möer hierumb ift niederer über zehen fchritt. Difs fchreibt Marco Polo am 7. Capitel im dritten Buch. das Volckh geht hie von, hitz alls nacket.

Das Volckh diefes Konigreich und Landes Vaar, geht nacket und Pettet ein Ochfen an.

Infel Coylur.

In difer Infel Coylur ift Sant Thomas der zwelff bott gemartert worden.

Hie ift gefunden worden zu Johan de Mandeuilla Zeitten, ein Infel mit volck die allegleich hundtshaupt hetten, und da mag man den Meerftern, der bey uns geheiffen ift Polus arcticus, nit fehen. di da faren auf dem möer, die muffen nach dem Aftrolabio feglen. dann der Compafs nit zaigt.

Alles difs Lanndt Möer und Jnfeln landt vnd Konig. fein von den heiligen drey Konigen gegeben geweft dem Kaifer Priefter Johann und findt etwan al Chriften geweft, aber Jezundt waifs man nit von 72. Criften die unter Jnen fein.

Die In difen Infeln wonen, haben fchwens gleich die Thier wie Ptholomeus. fchreibt in der Ailfften Tafel von Afia.

Difer Infell findt zechen gehaifen Maniole.

10 *

Dafelbft mag kain Schiff faren. das eifen an hat, vmb defs Mangnet Stains willen der dofelbft wechft.

Fluß Ganges.

In dem Buch Genefis findt man, dafs difs Landt do der Ganges laufft gehaiffen ift Hevilla, da foll wachfen das beft Golt, das in der Welt ift. In der heiligen Gefchrifft im dritten Buch der Konig in den 9. und 10 Capitel ift gefchriben dafs Konig Salomon feine Schiff hieher fchicket und lieſs holen difes Goldtes und köftliche Perlein und Edelgeftain von Ophir gen Jerufalem. difs Landt Gülat und Ophir, da der Fluſſ Ganges, oder das Waſſer Gion durchfleuſt, hat zufamm gehört.

Tartterey.

Marco Polo am 48. Capittel Im dritten Buch am endte, fchreibt vns dafs dife gegent Tramontana.. In dem gepürg und Wildnufs umb den Meer Stern fey ein Volkh wonhafft, von Tartaren genant Permiani. Welche anbetten ain Abgott von Filz gemacht, genant Natigay. Difes Volks Narung ift pin Summer ziehen fj Nortwarts in das gepürg under den Stern Polus articus genant, und fahen die Zobel. Mader und Harmelini, Laffiz, Füchs und ander gethier, dafs Flaifch davon ift ir Speifs, und die heütt find ire klaider, Im Sommer wonen fy in den Felfen umb der Jegerey willen, und fo es Wintter will werden fo ziehen fj gegen Mittag wärts gegen Reuffen, und haben

ire henſer in gmeben vnder der Erdten, vmb des
kalten Windes willen genant aquilon und bedeckhen
die grüben mit Gethierheütten, vnd bei in iſt es
im Winter ſelten tag, Aber in Snmmer verlieſe ſy
der Sunnenſchein die ganze nacht nimmer; alſs
es bei uns miten Summer iſt ſo wechſt bei Inen ein
wenig grafs und Krentter die ſy eſſen, Aber korn
noch Wein, noch Obs wil daſelbſt nit wachſen,
vmb des grofen Fröſts willen.

Eiſslandt.

In Eifslandt findet man ſchon weiſs volckh.
vnd findt Chriſten, daſelbſt iſt gewonheit. das
man die hundt teur verkaufft, vnnd Ire kindt geben ſy hinwegk den kaufleutten vmb Gotswillen.
auf dafs die andern Brot haben.

Item in Ifslandt findt man menſchen von 80
Jaren. di nie kain Brott geſſen, da wechſt kain
korn, vnd an Brotſtatt iſt man dürr fiſch. In der
Inſel Ifslandt fengt man den Stockhfifch. den man
in vnſer Lanndt bringt.

XI.

Psalterium, Hebraeum, Graecum, Arabicum, et Chaldaeum, cum tribus latinis interpretationibus et glossis *Augustini Iustiniani*, Episcopi Nebiensis, Ord. Praed. Impressit Genuae, Petrus Paulus Porrus, 1516. mense Nouembri. fol.

Ad Pſ. XIX, (XVIII) uers. 5. In omnem terram exiuit filum eorum, et in fines mundi uerba eorum.

Saltem temporibus nostris, quibus mirabili ausu Christophori Columbi genuensis, alter pene orbis repertus est christianorumque cetui aggregatus. At uero quoniam Columbus frequenter praedicabat, se a Deo electum, ut per ipsum adimpleretur haec prophetia, non alienum existimaui, uitam ipsius hoc loco inserere. Igitur Christophorus, cognomento Columbus, patria genuensis, uilibus ortus parentibus, nostra aetate fuit, qui sua industria plus terrarum et pelagi explorauerit, paucis mensibus, quam paene reliqui omnes mortales uniuersis retro actis seculis. Mira res, sed tamen plurium iam non nauium modo, sed classium et exercituum euntium redeuntiumque testimonio explorata et certa. Hic puerilibus annis uix prima elementa edoctus, pubescens iam rei maritimae openam dedit, dein profecto in Lusitaniam fratre, ac ulissipponae quaestum · instituente, pingendarum tabellarum ad usum maritimum, effigiantium maria et portus et litora, huiusmodi maritimos sinus atque insulas didicit ab eo, quae ibi tum forte is a plurimis acceperat, qui ex regio instituto ibant quotannis, ad explorandas inaccessas aethiopum terras, et oceani intra meridiem et occasum, remotas plagas. Cum quibus is pluries sermonem serens quaeque ab his acceperat, conferens cum his quae in suis ipse iam dudum fuerat meditatus picturis, et legerat apud cosmographos, tandem uenerat in opinionem, posse omnino fieri, ut qui Aethiopum ad libicum uergentium litora linquens, rectus dirigat inter zephirum et libicum nauigationem, paucis mensibus aut insulam aliquam, aut ultimas Indorum continentes terras assequeretur. Quae ubi satis exacte percepit a fratre, serio intra se rem examinans, non nullis regis hispani proceribus ostendit, esse in animo sibi, modo rex necessaria conficiendae rei subministret, longe celerius, quam Lusitani fecissent, nouas terras, nouosque adire populos, regiones postremo ante hac ignotas penetrare. Fit celeriter de re hac uerbum regi, qui tum regum lusitanorum aemulatione, tum studio huiusmodi nouarum rerum et gloriae, quae sibi ac posteris posset de ea re accedere, pellectus, diu re cum Columbo tractata, nauigia tandem exornari duo iubet, quibus soluens Columbus ad insulasque fortunatas nauigans cursum instituit pau-

hilum ab occidentali linea sinister inter libicum.
5. ac zephirum remotior tamen longe a libico et
ferme zephiro iunctus. Vbi complurium dierum
cursus exactus est, et computata ratione cognitum
quadragies sese iam centena passuum millia esse
permensum recto cursu, ceteri quidem spe omni
lapsi, referendum iam esse pedem et cursum in
contrariam partem flectendum contendebant, ipse
uero in incepto persistere, et quantum coniectura
assequi posset, promittere haud longius diei unius
nauigatione abesse uel continentes aliquas terras,
uel insulas. Haud abfuit dictis fides. Quippe se-
quenti luce terras nescio quas conspicati nautae
eum laudibus efferre, et maximam in hominis
opinione Fiduciam reponere. Insulae erant, ut
postea cognitum est, ferme innumerae, non longe a continentibus quibusdam terris, ut prae se ferebat aspectus. Ex huiusmodi insulis non nullas
animaduersum ferre homines incultos, cognomento,
caniballos, humanas ad esum carnes minime abhor-
rentes, ac uicinos populos latrociniis infestantes,
cauatis quibusdam magnarum arborum truncis,
quibus ad proximas traiicientes insulas homines
quasi lupi in cibum uenentur. Nec defuit fortuna,
ex his unam nauiculis cum suis ductoribus com-
prehendendi, idque haud incruenta pugna, qui
postmodum usque in Hispaniam sospites uecti sunt.
Quae prima est inuenta ex insulis Hispana est nun-
cupata. In eaque inuenti mortales innumeri pau-
pertate et nuditate conspicui, quos primo nutibus

ad congressum comiter inuitatos donisque allectos,
ubi propius accesserunt, facile apparebat et dissi-
milem suo candorem, et habitum et inauditum
antea ad eos accessum, ceteraque omnia quasi e
caelo aduenientium obstupescere et mirari, quippe
color illis longe dissimilis nostro, minime tamen
niger, sed auro persimilis, lacerna illis collo pen-
debat haerebatque pectori contegens pudenda quasi
uelamen, cui modicum annexum esset aurum, eaque communis marium et feminarum, non amplius uirginum. Nam uirgines nudae prorsus in-
cedunt, donec a uiris quibusdam, eius rei peritis,
osseo quodam ueluti digito, uirginitatem exuantur.
Nulla apud eos animalia quadrupedia, praeter ca-
nes quosdam pusillos, alimenta illis radices ex quibus panes conficiuntur, haud dissimilis saporis
triticeo, tum glandes alia figura quam nostrae, sed
esui iocundiores. Voti compos iam factus Columbus, remeare in Hispaniam constituit, communito-
que loco, quam primum occupauerat, solisque
quadraginta ad custodiam relictis, in Hispaniam
nauigat, prosperamque sortitus nauigationem, ubi
primum ad fortunatas appulit insulas, nuncios
cum litteris ad regem praemittit, qui de his omnibus factus certior, mirum in modum gauisus
est, praefectumque eum totius rei maritimae con-
stituens, magnis honoribus ornat. Procedunt ei
uenienti obuiam uniuersi proceres, magnoque gau-
dio excipitur noui orbis inuentor. Nec mora, pa-
rantur aliae naues, et, numero, et magnitudine

II

priores longe excedentes omniumque rerum genere
implentur. Mittit Hispania iam sua in innocuum
orbem uenena, oneratur plurima, et serica, et
aurata uestis, et cui non satis erat de hoc nostro
orbe triumphasse, nauigat in puros et in innocuos
populos luxus, et quae uix nostram satiare inglu-
uiem poterant siluae, quamuis incessantibus paene
exhaustae uenationibus, in remotissimas plagas
mittunt suam aprumque illorum ante hac nescios
uentres distenturos. Sed nauigant cum his, qui
ex parata et populos iam iam captura ingluuie, pro-
uenturis morbis Esculapii inuento medeantur. De-
feruntur semina et plantae arborum. Nam triti-
cum, ut postea cognitum est, ubi terrae conditum
fuerat, primo statim ad grandiusculam altitudinem
crescens, paullo post euanescebat, quasi damnante
natura noua cibariorum genera, et eos suis radi-
cibus esse contentos iubente. Soluens igitur Columbus classem duodecim nauium, armis uirisque ac
omni rerum copia instructam, non amplius uiginti
dierum nauigatione ad insulam Hispanam appellit,
offendit quos reliquerat ad unum a barbaris stran-
gulatos, causa praetensa, quod in eorum mulie-
res impudici et iniurii fuissent. Igitur accusata
eorum saeuitie et ingratitudine, ubi uidet eos ad
poenitentiam uersos, ueniam eis edicit indulturum,
modo fideles in posterum et dicto audientes sint.
Deinde missis inquisitoribus in quascunque partes,
ubi uidet, insulam esse et magnitudine, et aeris
temperie, et soli fecunditate, et populorum fre-

quentia insignem, simulque affertur inueniri cer-
tis in locis, aquarum in praeruptis, purissimum
aurum, nec deesse in campis semen quoddam pi-
peri persimile, et figura, et sapore, statuit omnino oppidum condere. Vndique igitur conquisita
materie, adhibitisque earum rerum peritis, breui
erectum est oppidum, cui Helisabet inditum nomen. Ipse praefectus duabus sibi nauibus assum-
ptis, insulam ipsam circuit. Deinde continentis
illius soli, quod Ioannae nomine nuncupauerat,
litus legens, dies unum et septuaginta adnauigat
ei litori, iugiter occiduum solem uersus proram
tenens circiterque sexagies centena millia passuum,
uir nauigiorum cursus peritissimus aestimator, se
esse progressum, ex dierum noctiumque suppu-
tatione cognoscit. Id, quo constitit, promontorium, Euangelistam appellat, retroque flectendi
cursum consilium capit, rediturus eo paratior et
instructior. Inter nauigandum vero, signantur in
tabula et sinus, et litora, et promontoria. Retu-
litque, hoc mundi latus poli arctici decem et octo
graduum eleuationem habere, cum quatuor tantum
et uiginti septentrionale litus insulae Hispanae,
poli ipsius altitudinem ostendat. Cognitum est autem ex obseruatione siorum, si modo veram, ini-
re rationem potuerunt, eam, quae anno domini
quarto et nonagesimo post millesimum et quadrin-
gentesimum eclipsim apparuit mense septembri,
quatuor ferme horis ante apud Hispanam insulam,
quam Hispali, quae uulgo Sibilia nuncupatur, ui-

eam. Ex ea autem computatione colligebat Columbus, eam insulam horis quatuor, Euangelistam
vero decem a Gadibus distare, nec amplius duabus horis, hoc est duodecima parte totius circuli
terrarum, ab eo loco, quem Ptolemaeus catigara
uocat, et ultimum habitabilis in oriente sole constituit abesse. Quod si non obstiterit nauiganti-
bus solum, breui futurum, ut ultimum oriens
omni decurso inferiore nostro hemisphaerio, con-
trario cursu coniunctus fuerit a tendentibus ad
occidentem. His tam miris peractis nauigationibus,
regressus in Hispaniam Columbus fati munus im-
pleuit. Rex ipse, qui uiuenti multa priuilegia con-
tulerat, mortuo dedit, ut filius in patris locum
succederet, praefecturamque Indorum, marisque
oceani ageret, qui in hodiernum usque uiuit, summa cum amplitudine, summisque opibus. Nec
primores Hispaniae dedignati sunt illi coniugio co-
pulare iuuenem nobilitate et moribus insignem.
Moriens autem Columbus, haud oblitus est dul-
cis patriae, reliquit enim officio sancti Georgii quod
appellant, habentque Genuenses praecipuum, et
ueluti totius reipublicae decus et columen, deci-
mam partem prouentuum uniuersorum, quos si-
uens possidebat. Hic fuit uiri celeberrimi exitus,
qui si Graecorum heroum temporibus natus fuisset
procul dubio in deorum numerum relatus esset.

ERRATA.

P. 41 ligne 10 lisez Candie ou Candyn.

— 44. L. 13 lisez chapitre 48.

— 46 L. 14 lis. super.

— 49 L. ult. lis. Pilsen.

— 87 L. 16 lis. Joaõ.

— 100 L. 10 lis. voyez la page 98 et effacez : 352.

Ib. L. 15 lis. page 16 et effacez : page 354. — Recueil.

— 140 L. 13 lis. kremern.

CPSIA information can be obtained
at www.ICGtesting.com
Printed in the USA
BVOW00s1933241016

465883BV00013B/116/P